KB206431

시시한 일상이
우리를 구한다

일러두기

1. 글을 쓰던 당시의 정서와 현장성을 그대로 담아내기 위해 '오늘', '어제' 등의
   시점 표현은 대부분 그대로 두었고, 필요하다면 날짜와 시간을 따로 표시했습
   니다.
2. 저자는 자기 회고적 에세이에서는 대부분 반말을 사용했고, 기고나 설교, 대
   중 에세이에서는 경어를 사용했습니다. 통일할 경우 어색한 부분이 있어 원글
   의 형태를 유지했습니다.

시시한 일상이
우리를 구한다

사막 같은 일상에서 희망을 잃지 말아야 할 이유

류호준 지음

하온

은총, 일상을 파고들다

일상이 시시하다고 비웃지 마세요. 우리 삶이 다 그런 거 아니겠어요? 다람쥐 쳇바퀴 도는 그런 일상이 오늘도 이어지고 있지요? 젊은 엄마 아빠는 이른 아침 허둥지둥 출근이 일상입니다. 직장에 가지 않는 엄마에게는 온갖 허드렛일이 기다리고 있습니다. 틀어놓은 클래식 방송과 청소기 소음이 묘한 조화를 이룹니다. 생활비를 아끼려고 당근마켓과 중고나라를 뒤적거립니다. 양로원에 계신 아버지, 요양병원에 누워계신 어머니를 생각하면 마음이 무거워집니다. 형제들끼리 나눠 내는 분담금도 부담되지만 묘한 죄책감이 주는 야릇함도 큽니다.

누군가가 우리 사회를 "피로 사회"라고 했지요. 세상에서 뒤처지지 않기 위해 달리고 또 달립니다. 쉬지 않고 달리기만 하니까 당연히 피로하지요. 정글의 법칙만 통용되는 세렝게티 대평원을 무리 지어 이동하는 누, 가젤, 얼룩말, 토피영양은 앞 녀석 궁둥이만 보고 내달릴 뿐입니다. 어디로 가는지도 모른 채로 말입니다. 약육강식 법칙은 야생에만 해당하는 게 아닙니다. 인간 사회도 세렝게티 평원이 되었습니다. "하늘은 스스로 돕는 자를 돕는다"라는 경구를 진리처럼 떠받들고 자기계발의 내면화로 알아서들 각자도생各自圖生하며 살아가기 시작했습니다. 은혜, 여유, 배려, 긍휼, 사랑, 신실, 공감, 진실, 찬양, 경이, 경탄과 같은 단어는 기독교인에게도 실체 없는 상상 속 단어가 된 지 오래되었습니다.

우리는 압니다. 인간은 자신에게 주어진 생명을 충분히 음미하고 현재 상태 그대로 꽃피우는 능력을 상실했다는 것 말입니다. 따라서 풍성한 생명력을 잃어버린 이 사회 속에서, 세상을 회복하고 구속救贖, redemption하게 하는 가장 중요한 일 중 하나는 일상日常, everyday life이라 부르는 삶의 평범한 자리에 깊숙이 새겨져 있는 하나님의 은총divine grace을 찾아내 그 일상과 일상 너머가 하나로 통합되게 하는 일이라는 사실 말입니다.

오래전에 나온 다큐멘터리 영화 중에 〈사막은 살아있다〉가 있습니다. 그냥 보면 돌과 모래만 가득해 보이지만, 자세히 살펴보면 사막은 정말 살아 있었습니다. 움직이는 돌, 아름다운 꽃, 전갈, 방울뱀, 뻐꾸기, 독거미 등 다양한 생김새와 크기를 가진 사막 생명체로 가득한 땅이었습니다. 생명의 신비를 알게 해준 멋진 영화였습니다.

조금만 침착하게 사방을 둘러보면, 기대하지 않았던 데서 하늘 은총이 반짝이고 있습니다. 루이 암스트롱의 노래, "이 얼마나 멋진 세상인가!"What a wonderful world!를 한번 들어보세요.

푸르른 나무와 빨간 장미를 보았네
너와 나를 위해 피어나는 모습이여
나는 생각하네, 이 얼마나 멋진 세상인가!

저 푸른 하늘과 하얀 구름을 보았네
밝고 복 된 낮과 성스럽고 어두운 밤
또 나는 생각하네, 이 얼마나 멋진 세상인가!

저 하늘 위에 핀 아름다운 무지개
거리를 거니는 저 사람들 얼굴에도
친구들은 악수하며 '잘 지내?'라고 하네
하지만 사실은 '난 너를 사랑해'라고 말하고 있지.

아기가 우는 소리를 듣고, 자라가는 것을 봤지
내가 알던 것보다 훨씬 많이 배울 거야
나는 생각하네, 이 얼마나 멋진 세상인가!
그래, 나는 생각하네, 이 얼마나 멋진 세상인가!

그렇습니다. 아직도 이 세상은 하나님 은혜로 가득 차 있습니다. 일견 황량해 보이는 우리 일상도 마찬가집니다. 자세히 살펴보면, 그 갈피마다 반짝이는 하늘 은총이 있습니다. 오래전 예언자 이사야가 사막에서 일어나는 하늘 은총에 관해 알려주었습니다. 무료하고 지루하고 때론 경쟁과 죽음만 지배하는 사막 같은 일상에서, 우리가 꿈과 희망을 잃지 말아야 할 이유를 가르쳐줍니다.

사막에 샘이 터지고
황무지에 냇물이 흐르리라
뜨겁게 타오르던 땅은 늪이 되고
메마른 곳은 샘터가 되며

승냥이가 살던 곳에
  갈대와 왕골이 무성하리라
그곳에 크고 정결한 길이 훤하게 트여
  '거룩한 길'이라 불리리라
부정한 사람은 그리로 지나가지 못하고
  어리석은 자들은 서성거리지도 못하리라
사자가 얼씬도 못 하고
  맹수가 돌아다니지 못하는 길,
  건짐을 받은 사람만이 거니는 길,
오직 구원받은 사람만이
  그 길을 따라 고향으로 갈 것이다.

●이사야 35:6~9. 저자 개인역

우리는 모두 알고 있습니다. 엄마의 태에서 나오던 날, 첫
등교일, 배우자를 만났던 날, 아버지를 묻었던 날, 수술받았던
그날, 첫 아이를 출산했던 날, 딸을 데리고 식장에 걸어 들어갔
던 날, 다시 혼자가 되었던 첫날, 가슴을 애타게 했던 그를 잃

어버렸던 그날, '사랑해요'라고 그가 말했던 그날, 당신을 매우 자랑스럽게 생각한다고 그녀가 당신에게 말했던 그날, 졸업식 날, 은퇴하던 날 등등 우리가 사막을 횡단하며 만났던 모든 날에 우리를 인도하신 분이 있다는 사실 말입니다.

하나님은 우리의 "모든 날"에 우리를 지키십니다. 그 얼굴을 우리를 향해 비추시고, 오늘과 내일, 밤과 낮, 우리의 모든 날에 평안을 주시어, 죽음을 지나 하나님의 사랑 안에서 영원한 삶으로 인도하신다는 약속을 떠올립니다. 어느 순간 우리는 이 약속들을 우리의 기도 삼아 다시 하늘로 올려드립니다.

하나님은 우리의 나가고 들어오는 것, 들고 나는 것을 지키십니다. 고개를 들고 간절한 희망을 바랄 때, 머리를 뒤로 젖히고 탄식할 때, 삶의 오르막과 내리막에서, 정상에 섰을 때나 계곡에서 허우적거릴 때, 울 때도 웃을 때도, 달릴 때도 더는 걷지 못할 때도, 하나님께 찬양을 올려드릴 때도 이를 갈면서 기도드릴 때도, 내일은 더 나은 날이 될 것이라고 믿으면서도 곧바로 두 손으로 머리를 쥐어뜯으면서 "아냐, 이건 아닌데!"라고 소리 지를 때도, 세상과 맞짱 뜨려고 달려나갈 때나 아니면 조건 없이 받아들여야만 할 때도, 우리의 들어옴과 나감, 출입들, 끝과 시작, 이 "모든 날"에 하나님은 우리를 언제나 항상, 영원히 지키십니다.

평소 생각나는 대로 몇 자 적어본 글들을 모아 한 권의 책으로 엮었습니다. 누군가에게 나누고 싶은 생각들, 잊고 지냈지만 기억해야 할 것들, 사람 사는 풍경들, 성경 이야기들, 삶의 조각 등이 뒤섞여 있습니다. 모두 일상에 관한 이야기입니다. 올곧게 그러나 우아하게 걷는 나그네들, 서로에게 기댈 수 있는 어깨를 내어주는 사람들, 소박하고 단아하게 살고 싶어 하는 신자들, 함께 고민하고 격려하는 길동무들에게 들려주고 싶은 나의 일상 신학입니다.

어지러운 글을 모아 산뜻하고 소박한 북카페처럼 만들어 주신 하온 출판사의 일꾼들에게 진심을 담아 말씀드립니다. "정말 고맙습니다." 지난 42년의 험했던 광야 길을 한결같은 마음으로 곁에서 함께 걸어온 나의 길벗이자 아내 이영옥(그리고 이번에 친할머니가 되었습니다)과 영원한 행복 소녀가 될 20개월 된 첫 친손녀 류이서에게 이 "가벼운 책"을 사랑의 증표로 슬쩍 디밀어봅니다.

이 글을 읽는 모든 분에게 하늘 평화가 임하소서.

미시간 그랜드래피즈에서

아내의 67회 생일에 즈음하여

류호준

왠지 용기가 났다. 힘이 났다. 씩씩하게 걸었다.

한 그릇 우거지탕과 손에 든 용돈 때문만은 아니었다.

식탁에서 보여준 외삼촌의 소박한 사랑 덕분이었다.

돌이켜보니 그곳에는 어렴풋이 "신성한 사랑의 흔적"이 있었다.

살면서 "내가 사랑받고 있구나"라고 느꼈던

가장 소중한 추억의 순간은 언제였을까?

대부분 식탁이나 먹는 일과 관련 있는 것 같다.

지금도 우거지탕을 먹을 때마다 그 신성한 사랑의 '흔적'을 더듬어

거룩한 시간 안으로 들어간다.

먹는다는 것이 얼마나 거룩하고 영적인 일인지!

제 1 장

행동 하나가
많은 것을 보여줍니다

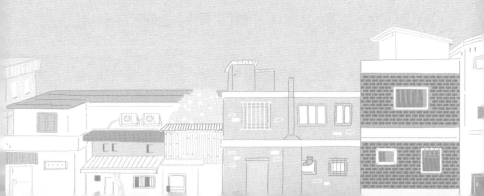

국밥 한 그릇의
사랑

50년도 넘은 이야기다. 아직도 생생하다.

고등학교 1학년 때 아버지가 백혈병으로 돌아가셨다. 가세가 기울어 생활이 힘들어졌다. 등록금은 물론 종종 차비조차 없었다. 그럴 때면 할 수 없이 서울시청으로 발길을 돌렸다. 시청에서 일하던 막내 외삼촌을 뵙기 위해서였다. 사실 밥한 끼와 약간의 차비가 고팠다. 가는 내내 마음은 불편하고 불안했다. 시청 운전사였던 삼촌도 무척 힘들게 살았기 때문이었다. 조카가 오면 언제나 친절하게 대해주셨지만, 마음은 언제나 안절부절못하셨을 터.

찾아간 시간은 대부분 저녁이었다. 좁디좁은 운전기사실

에서 무한 대기를 하던 삼촌은 나를 반갑게 맞아주셨다. '높은 분' 퇴근 시간을 알아보느라 이리저리 전화를 돌리신 후 얼마 있다 가까운 식당으로 나를 데리고 가셨다. 서울시청 뒷골목의 허름한 식당이었다. 우거지탕 한 그릇을 시켜주시고 "어서 먹어" 하신다. 그 짧은 말에 갑자기 눈물이 핑 돌았다. 나는 우거지탕 한 그릇을 후딱 해치웠다.

삼촌은 잠시 자리를 뜨셨다. 주머니가 비어 있었으니 할 수 없이 자리를 뜬 것이다. 나중에야 알았다. 다른 동료 운전사에게 돈을 빌리기 위해서였다.

조금 있다가 삼촌이 들어오신다. 멋쩍게 앉아 있던 나는 쑥스럽게 용돈을 받았다. 시청 앞 버스 정류장까지 뒤를 돌아보지 않고 걸었다. 차마 삼촌 모습을 볼 수 없었다. 눈물로 범벅된 얼굴을 주먹으로 훔쳐 씻고 하늘을 올려다보았다. 어둑해진 하늘엔 처량한 그믐달이 저만치 보였다.

왠지 용기가 났다. 힘이 났다. 씩씩하게 걸었다. 한 그릇 우거지탕과 손에 든 용돈 때문만은 아니었다. 식탁에서 보여준 외삼촌의 소박한 사랑 덕분이었다. 돌이켜보니 그곳에는 어렴풋이 "신성한 사랑의 흔적"이 있었다.

살면서 "내가 사랑받고 있구나"라고 느꼈던 가장 소중한 추억의 순간은 언제였을까? 대부분 식탁이나 먹는 일과 관련 있는 것 같다. 지금도 우거지탕을 먹을 때마다 그 신성한 사랑의 '흔적'을 더듬어 거룩한 시간 안으로 들어간다. 먹는다는 것이 얼마나 거룩하고 영적인 일인지! 사실, 신학에서도 가장 신성하고 거룩한 식사를 '성만찬'Lord's Supper이라며 따로 기리지 않는가!

누군가에게 밥 한 그릇 대접하는 일이 훗날 그에게 신성한 사랑의 흔적으로 남는다면, 얼마나 복된 인생일까 생각해본다.

고통 속에서
비로소 보이기 시작한 것들

　　아주 오래된 친구 서넛이 만났다. 46년 만이니 먼 세월이었다. 컴퓨터도, 핸드폰도, 카페도, 지하철도, 맥도널드도, 컬러텔레비전도 없던 시절이었다. 20대 초반의 풋풋한 젊은이들이 이젠 60대 중반을 넘어가는 할아버지가 되어 만났다. 기쁨과 어색함이 비대칭으로 맞물리듯 누가 먼저랄 것 없이 서로 얼싸안았다.

　　한참 후 서로의 얼굴을 물끄러미 쳐다봤다. 세월의 흔적이 여기저기 보였다. 친구들도 그랬을 것이다. 걸음걸이에서, 말하는 억양에서, 커피잔을 쥐는 손놀림에서, 자글자글한 눈가 주름살에서, 얼굴에 피어오르는 검버섯에서, 쭈글쭈글한 손등에서, 약간 휘어진 허리에서, 처진 어깨에서 삶의 무게와 고단한 여정이 물씬 묻어났을 테니 말이다.

만남 내내 한 친구의 모습이 마음에 걸렸다. 조금 전, 만나기로 한 장소에서 기다리는데 그 친구가 저만치 걸어오는 모습이 보였다. 걷는 모습이 뭔가 조심스러워 보였다. 오랫동안 입원했다가 방금 퇴원한 길이란다. 그동안 맛보지 못한 햇살을 어떻게 처리해야 할지 몰라 두리번거리며 어설프게 걷는 중늙은이 같았다. 최근에 다른 친구를 통해 근황을 듣기는 했지만, 정작 그 친구를 마주하고 앉으니 마음엔 애잔함과 쓸쓸함이 섞인 촉촉한 이슬비가 내리는 듯했다.

지난 17년 세월을 일주일에 두 번씩 병원에 누워 투석을 했더란다. 자기 혈액을 투석기에 통과시켜 걸러 낸 다음 혈관에 다시 넣어주는 일이다. 그러다 보니 시력을 거의 상실했다. 물건의 형체만 겨우 알아볼 뿐이다. 49살에 발병한 이후로 지금껏 정말 힘겹게 살아왔다.

말의 실타래를 풀어가면서 "삶의 한창때 왜 내게 이런 일이?"라는 말에 이르자 잠시 말을 더듬는다. 아내와 두 딸이 짊어져야 할 삶의 무게를 헤아리니 내 어깨마저 무거워졌다. 이렇게 살아야 하는 이유를 더듬어 찾아보려고 무던 애썼지만 그마저 찾지 못했을 때의 좌절감과 내적 분노는 스스로 목숨을 끊으려는 충동으로 이어지기도 했단다. 고통 속에 아무리 신앙을 대입시켜 보려 해도 현실적으로 좌절과 분노가 사라지질 않았다고 했다. 친구가 말을 이어가는 동안 나는 잠시 카페의 천정을 올려다보았다. 넋을 잃은 사람처럼 멍하니.

"그런데 말이야, 호준아!"

말을 이어가던 친구가 천정을 보고 있던 내게 이렇게 말한다. 그 소리에 나는 정신이 바짝 들었다.

"응."

"그런데 말이야, 그 후로 언젠가부터 앞을 볼 수 없다는 사실이 축복으로 다가오는 것을 깨닫게 되었어. 바깥세상을 볼 수 없게 되자 비로소 나의 내면이 보이기 시작한 거야! 참 희한하지? 보이는 세상을 보지 못하게 되자 보이지 않은 세상을 보게 된 셈이잖아. 그 세상에서 나는 신비롭게도 하나님의 임재와 사랑을 깊이 느끼게 되었다네."

친구의 말에 내가 더 거들 말은 없었다. "응, 친구야. 보지 않았으면 좋은 몹쓸 광경들이 너무 많은 세상이니, 안 보고 사는 게 좋을지도 모르지." 기껏해야 이렇게 궁색한 맞장구를 쳤을 뿐이다.

눈을 떴지만 보지 못하는 사람보단 앞을 보지 못하지만 다른 세상을 볼 수 있는 친구가 오늘따라 더 복받은 사람처럼 보이는 것은 웬일까? 현상세계를 볼 수 없는 대신 보이지 않는 세상을 보도록 하신 하나님의 긍휼과 정의가 느껴졌다.

친구의 손을 잡고 카페의 계단을 내려왔다. 헤어지며 다시 손을 잡았다. 온기가 서로의 몸속으로 투석되는 것 같은 이상야릇한 느낌이었다. 다른 친구가 그의 집까지 동행해주겠다며 손을 넘겨받았다. 보이는 세계 말고 보이지 않는 세계를 볼 수 있는 사람은 정말 행복한 사람이라는 생각이 종일 머릿속을 떠나질 않는다.

친구
하덕규 이야기

내가 만나고 싶은 친구가 있다면 영혼이 맑은 사람이다. 자기 영혼에 진솔하고 투명한 사람, 상대방을 있는 그대로 이해하고 받아들이는 넉넉한 사람, 세상 부조리와 모순에 온몸으로 고통하며 괴로워할 줄 아는 사람, 세상은 정글의 법칙만 존재하는 게 아니라는 것을 알고 즐거워할 줄 아는 사람, 모든 것이 원래 자리로 돌아가길 바라는 사람, 무지개를 보며 가슴이 뛰는 사람, 흐르는 강물에 추억을 담아 노래할 줄 아는 사람…. 이런 사람을 나는 그리워한다. 이런 사람을 떠올릴 때마다 친구 하덕규가 생각난다.

'시인과 촌장'으로 더 알려진 그는 가수라기보다는 노래하는 시인, 음유시인吟遊詩人에 더 가깝다. 언제나 가난한 마음을 담아 풍경을 그려내듯 노래하기 때문이다. 며칠 전에 있었던 일 때문에 더 그렇다.

그는 나와 함께 같은 학교에서 일하는 실용음악과 교수이다. 2010년 10월경, 그는 목사가 되었다. 내 책《순례자의 사계》를 그에게 헌정할 무렵이었다. 그러던 그가 성탄절 즈음에 내게 전화를 했다.

"목사님, 이번 주일에 교회를 방문해도 되겠습니까?" 나를 만나고 싶다는 전화였다. 아무 생각 없이 "물론입니다. 어서 오세요"라고 했다.

"잠시 들를게요. 오후 예배가 몇 시죠?"

"오후 2시입니다. 이왕 오시는 길에 특별 찬송을 해주시면 안 될까요?"

"예, 그러지요."

"고맙습니다. 그럼 모레 오후 2시에 보지요."

이것이 오간 이야기 전부였다.

망설임이나 사양이나 거절도 않고 긍정적으로 답해주는 그가 언제나 고마웠다. 나는 왜 그가 이 시점에 나를 찾아오겠다고 했는지 생각해보지 않았다. 나중에 이렇게 답한 나 자신이 얼마나 부끄러웠는지 알지 못한 채 말이다. 어쨌든 그는 이틀 뒤 주일 오후에 교회로 나를 찾아왔다. 평소처럼 우리는 서로 포옹하였고 서둘러 교회당 안으로 들어갔다. 마침 오후 예배는 지난 4년 동안 나와 함께 사역했던 두 명의 부목사를 떠나보내는 송별 예배였다.

간단한 설교 후에 하덕규 교수를 교인들에게 소개했다. 강단에 올라선 그의 얼굴에는 애잔한 슬픔이 있었지만 나는 그것을 그의 트레이드마크 정도로만 생각했다. 하모니카를 입에 물고 통기타를 들고 사슴의 눈빛으로 청중들을 바라보며 〈풍경〉을 부르기 시작했다. "세상에서 제일 아름다운 풍경은 모든 것이 제자리로 돌아가는 것"이라는 그림 같은 가사와 함께 감미로운 그의 목소리가 자그마한 교회당 안을 포근하게 감쌌다. 눈을 지그시 감은 채로 친한 사람들끼리 어깨 위로 팔을 넌지시 얹고 듣는 소박한 콘서트에 온 느낌이었다.

그는 노래 사이사이에 자신의 삶, 가족, 세상살이에 관해 이야기했다. 여든을 훌쩍 넘긴, 미국에 계신 어머니의 치매에 관한 이야기를 할 즈음에는 그의 눈가가 촉촉해졌다. 자신을 길러주신 어머니가 치매로 당신의 자녀를 알아보지 못하는 슬픈 현실, 어렸을 적 배가 아플 때 당신 손이 약손이라며 배를 쓰다듬어주시던 그 어머니가 이제는 더 이상 나를 알아보지 못한다는 슬픈 사실, 그런 와중에서도 하나님 나라에는 반드시 가신다며 또박또박 신앙을 고백하신다는 이야기에서 우리는 삶의 덧없음과 함께 뿌리 깊은 신앙의 아름다움을 공감했다. 그리고 우리는 그의 불후의 명곡 〈가시나무〉를 들었다. 기타의 깊은 울림이 작은 공간을 가득 메웠다. "내 속엔 내가 너무도 많아"로 시작되는 우리 이야기가 메아리쳐 왔다. 서로 부대끼는 가시나무의 울음소리도 들었다. 결국, 우리 모두의 이야기를 그가 대신해서 부르고 있었다.

마지막으로, 그는 다시 하모니카를 꺼내 입에 물고 기타의 깊은 베이스 음으로 "내 진정 사모하는 친구가 되시는 구주 예수님은 아름다와라"(찬송가 88장)를 부르기 시작했다. 이 곡은 하덕규가 평소 즐겨 부르는 찬송이었다. 너나 할 것 없이 모두 따라 불렀다.

예배를 마치고 잠시 내 서재에 들렀다. 그가 책 한 권을 내게 건넸다. 김훈의 신작 소설 《내 젊은 날의 숲》이었다. 제목이 멋지고 내 스타일이라서 호감이 간다고 했다. 그러자 하덕규는 책 제목이 원래 자기의 노랫말이라고 일러주면서 김훈이 책 표지 안에 하덕규에게 고마움을 표한 부분을 보여주었다. "소설의 제목 《내 젊은 날의 숲》은 가수 하덕규의 노래 〈숲〉의 마지막 구절에서 따왔다. 허락해주신 하덕규 님께 감사한다. 김훈." 그리고 그는 서둘러 떠났다. 차 트렁크에 기타를 싣고 아무 말 없이 미소를 지으면서. 손을 흔들며 인사를 나눴다. 나와 그는 내일 월요일에 인천공항에서 미국행 비행기를 탈 예정이었다. 그는 미국 캘리포니아로, 나는 미시간으로. 내일 비행기를 타고 가면서 읽으라고 주는 선물로 알았다.

떠나던 날 인천공항에는 아침부터 예사롭지 않게 눈발이 보이기 시작했다. 그리고 얼마 후에 함박눈에서 싸라기눈으로 변하더니 하염없이 내리기 시작했다. 비행기에 탑승하면서부터는 펑펑 내렸다. 눈 때문에 비행기 출발이 서너 시간 지연되었다. 그리고 꼬박 24시간 만에 미시간에 도착했다.

하루 뒤에 전화가 걸려왔다. 하덕규의 목소리였다. 그에게 잘 도착했느냐는 말을 건성으로 건넨 후에 그의 대답도 듣지 않은 채 눈 때문에 비행기가 지연됐다는 내 이야기만 길게 늘어놓았다. 인천과 동경에서는 길고 지루한 지연에 대해, 시카고에서는 비행기를 놓치고 허둥거렸던 이야기를 주절댔다. 한참 후에야 그에게 그날 저녁 인천에서 비행기를 잘 타고 왔느냐고 물었다.

"아네요. 지금 한국입니다!"

"네? 한국에 있다고요?" 뭔가 이상하다는 느낌이 들었다.

"월요일 저녁에 비행기 탄다고 했잖아요?"

"사실은…." 전화기 너머로 잠시 침묵이 흘렀다.

"사실은 내일모레 수술하게 되었어요."

어떤 말을 꺼내야 할지 몰랐다.

"목사님, 얼마 전에 암이라는 판정을 받았습니다. 위암이요!"

하덕규가 그날 교회로 나를 찾아온 것은 며칠 뒤에 있을 위암 수술 사실을 알리고 기도를 부탁하기 위해서였다. 어려울 때 가까운 친구를 찾은 것이었다. 그런데 막상 교회에 와보니 송별 예배 분위기상 도무지 그런 이야기를 꺼낼 형편이 아니었다. 돌이켜보니 정신적으로 육체적으로 그렇게 어려운 처지에 있었던 친구에게 너무도 쉽게 "오는 길에 특송 한번 해주시게나"라고 한 나 자신이 더없이 한심스럽고 초라해 보였다.

무슨 말을 해야 할지 엄두가 나지 않았다. 괜찮은 말을 해보려고 무던히 애를 썼지만 입속에서만 맴돌 뿐이었다. 버벅거리며 이런저런 말을 내뱉었지만 결국 허공을 향해 주먹을 휘두르는 격이 되었다. 힘이 쭉 빠졌다. 전화기에 대고 그를 위해 기도를 드렸다. 저쪽 너머로 작은 목소리로 "아멘" 소리가 들렸다. 미안해서 어쩔 줄 모르고 있는 사이에 하덕규가 내게 기도를 부탁한 것이다. 부탁받은 기도는 나를 더욱 부끄럽게 만들었다. 그러나 함께 간절하게 기도했다. 미안한 마음으로 더욱 그랬는지도 모른다. 이렇게 무정하고 자기중심적인 사람을 찾아와 기도를 부탁하려 한 친구 하덕규, 찾아왔을 당시 교회 분위기를 흩뜨려놓지 않으려던 배려심 많은 친구 하덕규…, 며칠 뒤 그는 수술을 마치고 회복 중에 있었다.

그는 영혼이 맑은 사람이다. 자신의 영혼에 대해 진술하고 정직한 사람이다. 무엇보다 그는 고향에 대한 그리움으로 몸살을 앓는 사람이다. 그의 노래에는 고향에 대한 그리움이 생생히 묻어난다. 하지만 고향 상실로 인한 방황과 절망으로만 노래를 마칠 수는 없으리라. 〈한계령〉의 허무주의를 넘어 하덕규는 고향으로 돌아오는 꿈을 꾼다. 그는 자신의 노래 〈풍경〉의 가사, "세상 풍경 중에서 제일 아름다운 풍경/ 모든 것들이 제자리로 돌아가는 풍경"은 사실, 사람들이 고향으로 돌아가는 모습이라고 그렸다.

하나님이란 성스러운 호칭을 불러내지 않더라도 그는 이 세상의 진정한 평화는 모든 것이 그분이 만들어놓은 상태로 돌아가는 것이라고 자연스럽게 읊는다. 그는 영원한 고향을 그리워하며 길을 떠난 순례자이다. 나의 좋은 길동무며 길벗이다. 좋은 친구는 영혼을 맑게 해준다. 다시금 그의 "사랑으로 가득한 세상 풍경"을 꿈꿔본다.

때로는 행동 하나가
많은 것을 말해줍니다

봄비가 세차게 내리치는 이른 아침, 오랜만에 학교에 갔습니다. 가는 날이 장날이라고 오늘은 교직원들이 모여 예배를 드리는 날이었는데 정해진 시간보다 일찍 도착했습니다. 차를 몰고 지하 주차장으로 진입했는데 두 자리만 비어 있었습니다. 둘 중 하나는 일반인 자리였고 다른 하나는 장애인을 위한 공간이었습니다. 결국, 나는 유일한 주차 자리를 꿰차는 행운을 얻었습니다.

바깥엔 세차게 비가 내리고 예배 시간은 아직 한참 남아서 그냥 차 안에서 기다리기로 했습니다. 어두침침한 지하 주차장 안에 자동차 뒷좌석으로 옮겨 앉아 잠시 명상도 하고 이런저런 일을 생각하면서 건너편에 있는 장애인 주차공간에 눈길을 주고 있었습니다. 얼마 후 서너 대의 차량이 연이어 들어왔다가 바닥에 그려진 장애인 구역 표시를 보고 다른 곳을 찾다가 빠져나가는 것이 보였습니다. 모두 여성 운전자(교수 혹은 직원)였습니다.

잠시 후 다시 묵직한 차량 한 대가 들어오는 것이 보였습니다. 그리고 일말의 거리낌 없이 비어 있는 장애자 주차 공간에 주차했습니다. 우람한 체격의 남성이 내리더니 주위를 한 바퀴 둘러봅니다. 그리고 유유히 현장에서 사라지는 것이었습니다. 내가 아는 한 그는 장애인이 아니었습니다. 그는 기독교 대학에서 학생을 가르치는 교수입니다. 물론 교회에서는 착실한 크리스천입니다. 아마 그는 비밀스러운 관찰자가 있는 줄은 꿈에도 몰랐겠지요!

내 마음은 착잡했습니다. 이게 혹시 한국 교회의 민낯이 아닌가 싶었습니다. 그는 명색이 기독교 대학의 교수였고, 교회에선 열정적으로 기도하고 봉사하는 크리스천이었습니다. 그러나 아무도 보지 않는다고 생각하며 지하 주차장에서 행한 자그마한 행동 하나에는 평소에 갖고 있던 일그러진 신앙과 신학의 몰골이 그대로 드러나 보였습니다. 오늘처럼 비오는 날, 장애를 가진 운전자가 그 주차장에 들어와 주차된 비장애인 차량을 보며 무슨 생각을 할지 떠올려보기나 했을까요?

바보와 천재의 차이는 상상력의 차이라고 누군가 이야기했습니다. 자신의 행동이 가져올 파급을 조금이라도 상상할 수 있다면 그는 똑똑한 사람이지요. 그렇지 못한 사람이야말로 바보 천지 아니겠습니까?

오늘 사건을 경험하면서 누가복음 10장에 기록된 "선한 사마리아인 비유"가 떠올랐습니다. 예루살렘에서 여리고로 내려가는 험한 길에서 강도를 만나 거반 죽게 된 어떤 유대인에 관한 이야기죠. 우연히 그 길을 가다가 강도를 당해 쓰러져 있던 사람을 만난 두 사람이 있었습니다. 하나는 제사장, 다른 하나는 레위인이었습니다. 모두 유대교 정통신앙이 있던 사람들입니다. 율법에 익숙하고, 성경에도 해박한 사람들이었습니다. 그러나 그들은 강도 만난 사람을 보고도 그냥 지나쳤습니다.

왜 그랬는지는 상상에 맡기겠습니다만, 레위인이나 제사장이 죽은 사람을 만지면 부정을 타서 그들이 해야 할 종교예식 집전을 할 수 없게 되는 이유가 컸습니다. 정결하게 되려면 여러 날이 지나야 했습니다. 예루살렘에서 여리고에 제사를 집전하러 가는 사람 입장에선 자기를 기다리고 있는 여리고 사람들을 생각해야 하지 않았겠습니까? 산술적으로 따져도 한 사람을 희생하더라도 많은 사람에게 유익을 주는 것이 좋아보이니까요. '그들의 신학'이 강도 만난 사람을 지나치게 만든 것이지요.

강도 만난 사람이든 주차할 곳 없어 어쩔 줄 모를 장애인이든, 사회적 약자에 대한 눈곱만큼의 배려나 관심이 없다면 그런 사람이 드리는 열정적 기도나 교회 생활 혹은 권위 있어 보이는 교수 생활에 어떤 가치가 있단 말인가요? 삶에서 증명되지 않는 신앙과 신학은 그저 자기만족을 위한 이념에 불과하지 않을까요?

이런 일에 조금이라도 마음의 찔림을 느끼지 못한다면 참 불행한 일입니다. (그리고 선생! 장애인 주차 구역에 일반인이 주차하면 벌금이 얼만 줄 알아요?) "비오는 날 주차 유감"이었습니다.

골프장에서 만난
철학자와 신학자

2011년 8월 11일, 철학자 강영안과 신학자 류호준은 미시간주 로웰시 근교의 화살촉Arrowhead 골프장에서 만났습니다. 골프 카트를 타고 18홀을 돌면서 4시간 정도 전원의 아름다운 경치를 구경하고 골프를 치는 데 인당 20달러(2만 5천 원) 정도이니 머리 식히기에 딱 좋았습니다.

자주는 아니지만 우리는 만나면 긴 대화를 나누길 좋아합니다. 책을 좋아하고 뭔가를 즐겁게 배우는 일에서 서로 통하기 때문입니다. 강 교수는 네덜란드 암스테르담 자유대학교 철학부에서, 나는 같은 대학교의 신학부에서 박사 학위를 받은 동문이기도 합니다. 강 교수는 신학을 공부하면서 철학을 하였고, 나는 철학을 공부하면서 신학을 했기 때문에 우리 둘 사이의 대화는 항상 진지하고 즐거웠습니다.

'골프'를 대하는 두 사람의 시각과 입장도 사뭇 달랐습니다. 철학 공부가 그렇듯 강영안 교수는 골프에서도 엄정성, 논리성, 객관성, 치밀함을 가지고 그린 위에 섰습니다. "저기까지 몇 야드나 되나요?" "몇 번 그립을 들어야 하나요?" "아이언이 좋을까요? 우드가 좋을까요?" "여기서 그린까지 몇 야드 남았나요?" "바람이 저쪽에서 부는 것 같은데 스탠스는 이게 좋지 않을까요?" 질문은 쉬지 않고 계속됩니다. 골프장을 교실로 변화시키는 강 교수는 그린에 올라가서도 여러 번 자세를 고쳐 잡습니다. 철저함, 집요함, 정확성을 추구합니다. 책과 코치가 가르쳐준 것을 머릿속에 펼쳐놓으며 정석대로 골프를 합니다. 와우. 이게 철학자 강영안입니다.

한편 신학자 류호준은 좀 더 낭만적이고 감성적으로 골프에 임합니다. 물론 공은 혹이 나거나 슬라이스가 나지 않도록 해야 하므로 류호준은 티샷에 임할 때마다 주님의 말씀을 암송합니다. "율법을 네 앞에 두어 좌로나 우로나 치우치지 않아야 하느니라." 물론 공은 우로나 좌로 치우쳐 모래 벙커나 수풀 속으로 들어가곤 합니다. 그래도 괜찮습니다. 수풀을 헤치면서 공을 찾습니다. 정확하게 거리 조정을 하지 못한 것에 대한 자책도 잠깐, 그래도 예상치 않은 수확이 있습니다. 수풀 속에 숨어 피어 있는 야생화를 보고, 개구리가 연못에서 뛰어오르는 것도 보고, 유리알처럼 맑은 그린 위에 착륙한 청둥오리를 보기도 하고, 저 멀리 하얀 뭉게구름이 토실토실한 양 떼처럼 보이기도 합니다. 이게 신학자 류호준입니다.

천문학자는 철저함과 치밀성, 논리성을 총동원하여 천체의 움직임과 별들을 연구합니다. 학문은 반드시 그래야만 합니다. 그러던 어느 날 휴가를 받은 그가 사랑하는 아내와 어린 아들딸과 함께 그랜드 캐니언에서 야영을 합니다. 그날따라 별이 쏟아지는 밤하늘입니다. 그는 하늘의 별들을 보면서 아이들에게 천문학 지식을 강의하진 않을 것입니다. 그는 "주의 손가락으로 만드신 주의 하늘과 주께서 베풀어 두신 달과 별들을 내가 보오니 사람이 무엇이기에 주께서 그를 생각하시며 인자가 무엇이기에 주께서 그를 돌보시나이까?"라는 시로 자신의 심정을 고백하고 노래하지 않을까요?

철학은 놀람과 경이와 경탄에서 시작된다고 하지 않습니까? 신학 역시 궁극적으로 하나님에 관한 경이와 경탄 아니겠습니까? 이런 의미에서 철학과 신학은 모두 '시적'poetic이어야 합니다. 그리고 일상은 모두 시적 운율로 구성되어 있다는 사실을 기억한다면, 우리는 모두 시인입니다. 시인은 뭔가를 만들어내는 사람들이니까요! (poet가 헬라어로 '만들어내는 사람', Maker, Creator인 것은 우연이 아닙니다.)

우리 두 사람의 공통된 관심사는 "일상"입니다.

너무 늦기 전에
바꿔야 할 것들●

　　이 글을 쓰고 있는 오늘, 미시간 그랜드래피즈 지역 전체
는 설국雪國이 되었다. 웨스턴 미시건 지역 대부분의 초중고등
학교와 대학이 문을 닫았다. 엄청난 양의 폭설과 혹독한 한파
로 내려진 결정이다. 눈으로 인한 운전 위험도 있으나, 특별히
영하 20도를 치닫는 혹한에 학생들이 노출되면 매우 위험천만

● 1997년 1월 17일에 캘빈대학교가 있는 미국 미시간주 그랜드래피즈에서 쓴 글
이다. 당시 나는 한국 백석대학교 신학대학원에서 교수로 있었는데 겨울 방학에
미국을 방문 중이었고, 당시 캘빈대학교에서 수학하던 후배 유학생들의 부탁을
받고 1980년 초에 유학하던 당시를 회고하며 썼다. 《칼빈라이프》(Vol 10, April,
1997)에 실렸던 글을 정리했다.

하기 때문이다.

　캘빈신학교 2층 교실에서 백설이 휘날리는 바깥 광경을 바라보는 일은 큰 즐거움 중 하나였다. 특별히 눈 덮인 신학교 연못을 물끄러미 내려다보고 있노라면 마치 C. S. 루이스의 판타지 소설《나니아 연대기》의 소년들처럼 벽장 속을 열고 새로운 세계 속으로 들어가는 듯한 느낌이었다. 이렇게 환상적인 분위기 속에서 공부할 수 있다는 것이 얼마나 큰 축복인가에 생각이 미치자, 헤집고 온 눈길 탓에 불평했던 일이 못내 미안했다. 좋은 도서관 시설, 훌륭한 선생들, 마음껏 휴식할 수 있는 미시간의 자연, 함께 울고 웃으며 대화할 수 있는 동료 유학생 친구들을 선물로 받은 내게, 한국의 열악한 환경에서 공부하는 동료들의 얼굴이 불현듯 떠올랐다.

　내가 그랜드래피즈에 오게 된 것은 소박한 소망 때문이었다. 쇼팽을 알고 모차르트를 쳐보고 베토벤을 연주하기 위해서였다. 어린 시절 내가 다니던 시골 교회에는 풍금 한 대가 있었다. 당시 나와 가까운 사이이면서 경쟁자였던 한 친구는 이 풍금을 칠 줄 알았기에 교회에서 유일한 반주자가 되었다. 무려 '초등학생' 신분으로 교회 반주를 맡게 되다니! 나도 이 풍금을 무척 치고 싶었다. 그러나 자존심 때문에 물어볼 수 없었다. 대신에 멀찍이 서서 그의 손놀림을 보면서 풍금 건반을 익히기 시작했다. 아무도 없는 시간을 택하여 교회당에 들어가 풍금 건반을 누르고 페달을 힘껏 밟았다.

어느 날 무척 어색한 일이 벌어졌다. 그 친구가 갑자기 교회당에 나타난 것이었다. 나는 무척 놀랐다. 허둥대며 풍금을 덮고 주위에서 뭔가를 잃어버린 양 이리저리 뒤적이는 시늉을 했다. 그도 나에게 여기서 뭘 하느냐고 묻지 않았다. 그와 나는 서로 알고 있었다. 좌우지간 이렇게 해서 풍금을 어깨너머로 배울 수 있었다. 그리고 찬송가를 혼자 치기 시작하면서 찬송가 전체를 외우다시피 했다. 얼마 지나지 않아 조마다 일정한 화음을 내는 코드 서너 개가 있다는 사실도 알았다. 특히 찬송가는 대부분 장조major로 되어 있어 풍금 치기가 쉬웠다.

악보를 보지 않고도 어떤 찬송이든 마음대로 연주하고, 그것도 변조까지 해가면서 피아노를 치면 주위에선 무척 놀란다. 그러나 그들에게 말 못 할 나만의 비밀이 있었다. 그렇게 자유자재로 찬송가를 치면서도 정작 쇼팽이나 베토벤 그리고 내가 가장 좋아하는 모차르트를 칠 수는 없었다. 나의 열 손가락은 완전히 '찬송가 코드'로 굳어졌기 때문이었다. 좀 더 자라 성년이 된 후에는 남몰래 피아노 학원 문을 두드려보기도 했다. '모차르트를 칠 수만 있다면' 하는 바람을 성취하기 위해서였다. 하지만 이것은 불가능했다. 시간과 재정 여유가 없기도 했지만, 가장 중요한 것은 그러한 고전음악을 연주하기에는 이미 내 손이 나만의 방식대로 굳어져버렸기 때문이었다. 차라리 내가 음악에 대해, 피아노에 대해 문외한이었더라면 처음부터 좋은 선생님 밑에서 정식으로 잘 배울 수 있었을 것이다. 이러한 후회를 만회하기엔 너무 늦었다는 것을 알게 되었다.

원고를 쓰려고 컴퓨터 앞에 앉아 있는 나의 손놀림을 보는 지인들은 경악을 금치 못한다. 첫째는 많고 많은 열 손가락 중에 오직 두 손가락만 사용해 타이프를 친다는 사실 때문에, 둘째는 두 손가락만 사용해도 초고속으로 타이프를 쳐내기 때문이다. 400페이지나 되는 방대한 영문 저서를 두 손가락(!)으로만 치기도 했으니, 얼마나 위대한 업적인가! 그러나 사람들은 나의 고충을 잘 모른다. 손가락 두 개만 사용하다 보니 내 어깨에는 모든 힘이 실리고—마치 피아노를 손가락으로만 치면 그런 것처럼— 온종일 컴퓨터 앞에 앉아 있는 날이면, 그날 밤은 온몸을 늘씬하게 얻어맞은 것처럼 파김치가 되어 축 늘어진다.

이러한 말 못 할 고통을 덜려고 열 손가락으로 타이핑하는 법을 배우기로 했다. 그러나 이것 역시 가능하지 않았다. 내 손은 이미 두 손가락으로 타이핑하는 데 굳어져 있었다. 힘들이지 않고 편안하게 오랫동안 타이핑을 하는 방법이 있다고 아내는 나를 설득했다. 타이프 교본을 가지고 열 손가락을 다 사용해 치는 법을 배우라고 했다.

그러나 나의 구습으로 이 일도 불가능했다. 열 손가락을 사용해 치기에는 두 손가락 작업에 너무나 익숙했으며, 이미 나의 손이 따라오질 않았다. 차라리 내가 타자에 문외한이었더라면 처음부터 정식으로 잘 배울 수 있었을 것이다. 그러나 이미 때가 늦었음을 알았다. 내 방식대로 손가락이 굳어졌기 때문이었다.

나의 일생에서 적어도 하나의 영역만큼은 이런 식으로 굴복당하지 않기를 바랐다. 바로 신학이라는 영역에서 말이다. 단순히 좋은 신학, 올바른 신학을 배우고 정립하겠다는 생각을 넘어, 한번 잘못 배워놓으면 다시 시작하기 어려울 뿐 아니라 남에게 얼마나 해를 끼칠 것인가 하는 생각이 들었다. 쇼팽과 모차르트는 못 쳐도 된다. 타이핑을 열 손가락으로 못 쳐도 관계없다. 불편한 것은 나 하나일 뿐이다. 그러나 신학은 그렇지 않다. 신학을 공부하는 것은 개인적인 일이 아니다. 신학을 한다는 것은 공개적이며, 공적인 일이다. 한 사람의 신학이 편견이나 오해, 무지, 독선으로 경직화될 때 그 영향은 자기로만 끝나는 것이 아니다. 신학을 공부하는 것은 피아노 치는 것이나 타이핑하는 것과는 무척 다른 일이기 때문이다.

신학도와 성경 학도들은 그들의 주인 되시며 선생 되신 예수 그리스도의 심성과 삶의 방식을 배울 필요가 있다. 그것도 정통적인authentic 방법으로 말이다. 신학을 공부하는 사람들은 편견이 많고 독선적이며 '터널 비전'을 갖고 있다는 소리를 흔히들 듣는다. 부분적으로 정당한 비판이기도 하다.

우리는 바울이 갈라디아 교회에 보낸 편지에서 쓴 이 구절을 잘 알고 있다. "너희는 유대인이나 헬라인이나 종이나 자유인이나 남자나 여자 없이 다 그리스도 예수 안에서 하나이니라"갈 3:28.

우리는 자기가 자라온 학문 배경으로 배타주의자가 되어서는 안 된다. 이러한 오류에 빠지지 않기 위하여 좀 더 넓은 마음과 아량으로 남의 말을 들을 수 있어야 한다.

행복을 누리지 못하는
이유

사람마다 꿈이 있습니다. 매일 아침 자신을 깨워 일으키는 그런 꿈 말입니다. 대부분은 이 꿈을 현실로 이루기 위해 평생을 부단히 달려갑니다. 부모를 뒤로하고 집을 떠나고 힘든 교육을 받고 직장을 잡고 이곳저곳 이사를 하기도 합니다. 우리를 계속 움직이고 달리게 만듭니다. 꿈은 만나는 사람을 바꾸기도 합니다. 인생의 중요한 결정은 이 꿈에 얼마나 가까이 가게 하느냐에 따라 내려집니다.

어떤 사람은 은수저를 입에 물고 태어납니다. 야곱의 형에서가 그런 유형입니다. 그는 장자입니다. 고대 중동문화에서 '장자'(長子, 큰아들)가 된다는 것은 하늘이 내려준 행운입니다.

에서 이야기를 듣고 있노라면 부럽기 그지없습니다. 그는 우리가 갖고 싶은 걸 모두 누립니다.

그러나 그런 소수를 제외한 대부분에게, 삶이란 지루하고 힘든 허드렛일과 같습니다. '야곱'이란 이름은 '투쟁하는 자', '사기꾼', '탈취자', '움켜잡는 자'입니다. 야곱은 성공의 사닥다리를 오르기 위해 부단히 애쓰는 사람의 전형입니다. 꿈을 이루기 위해 무슨 짓이라도 하겠다는 사람입니다. 이런 이유로 우리는 성정性情이 비슷한 야곱에게 더 마음이 끌리고 정이 가는지도 모릅니다.

좋은 꿈은 언제나 위로부터

야곱 이야기는 부잣집에서 태어나지 못해, 늘 무엇인가 부족하여 허기진 우리, 그럼에도 무엇인가를 성취하려고 발버둥 치는 우리 마음에 너무도 와닿는 이야기입니다. 그러나 그것이 또 우리 삶을 엉망진창으로 만드는 지름길이 되기도 합니다. 애쓰고 노력할수록 수렁 속으로 점점 빠져들어 가기 때문입니다. 오르려고 애쓸수록 한없이 추락하고 만다는 사실을 배웁니다. 인생 초반부터 야곱은 이 사실을 배우는 데 엄청난 비용을 지불합니다.

그러나 우리는 모든 좋은 꿈이 위로부터, 하나님에게서 온다는 사실을 기억해야 합니다. 그것만이 진짜 좋은 꿈입니다.

사실 하나님은 그 좋은 꿈들을 우리에게 주시려고 작정하셨습니다. 가령 이런 것들입니다.

- 사랑받는 일
- 생명을 잉태하는 일
- 아름다운 것들 바라보기: 석양의 낙조, 산야의 꽃들, 하늘과 별과 구름과 바다 등
- 음악, 연인들의 속삭임, 아이를 업고 가는 엄마의 모습 등
- 삶의 목적 발견하기
- 일의 기쁨과 즐거움 발견하기
- 모든 일에서 내 곁에 있어줄 친구 발견하기
- 진리 중의 참 진리 발견하기

이런 복들은 땀 흘려 '버는 것'이 아니라 오로지 선물로 '받는 것'입니다.

에서로 살고 싶은 사람들

이러한 '신성한 선물들'sacred gifts을 누리지 못하게 하는 법이 있습니다. 그것을 얻으려고 기를 쓰며 노력하면 됩니다. 하나님이 '약속'이란 포장을 통해 주신 그런 선물들은 고마움과 감격으로 받는 것이지 얻으려고 애쓴다고 되는 것이 아니기 때

문입니다. 이 점이 야곱의 삶에서 가장 큰 실수였고 오점이었습니다. 선물이 이미 와 있는데도 그것을 차지하려고 덧없는 노력을 한다는 말입니다. 야곱이 태중에 있을 때 하나님이 "너는 나의 선택을 받은 사람이다! 너는 나의 사랑을 받는 사람이다!"라고 이미 약속하셨음에도 야곱은 그것을 인간적인 방법을 다 동원해서 움켜쥐어야 할 것으로 생각했습니다. 그리고 그것을 얻어내기 위해 치사한 방식으로 자신을 더럽혔습니다. 약속된 행복, 주어진 행복을 기다릴 수 없어 무리수를 두었습니다.

알다시피, 야곱과 에서는 쌍둥이입니다. 하지만 서로 너무 다르고 너무 멀리 떨어져 있습니다. 에서는 들판으로 사냥하며 다녔고 몸에는 털이 많았습니다. 반면 야곱은 조용했고 생각이 많았습니다. 아버지 이삭은 축복의 전달자 역할을 했습니다. 사람들은 이삭의 축복이 장자 에서에게 가는 것이 당연하다고 생각했습니다.

그러나 어머니 리브가는 하나님께서 야곱에게 복을 주시겠다고 약속하신 사실을 기억했습니다. 야곱도 여러 통로로 이 사실을 알았을 것입니다. 그러나 야곱은 그것을 믿을 수 없었습니다. 에서는 장자인 데다가, 아버지 이삭도 큰아들 에서를 좋아했기 때문입니다. 세상도 에서 같은 사람을 환호한다고 생각했습니다.

에서가 누굽니까? 어릴 적 에서와 야곱이 동네에서 놀거나 경기를 하면, 친구들은 언제나 에서를 자기편으로 뽑아갔습

니다. 지금 말로 하자면, 에서는 학교에서도 언제나 선생님의
눈에 들었습니다. 그는 일류 대학에 들어가고, 우등 졸업 후에
는 연봉이 꽤 높은 회사에 들어갔습니다. 남자답고 사내 대장
부다운 사람이었습니다. 그는 늘 이런 말을 듣고 자랐습니다.

야곱처럼 우리도 자신을 '다른 에서들'과 비교하며 살아
갑니다. 우리가 볼 때 저렇게 되었으면 좋겠다는 기준이 있습
니다. 에서의 기준치로 부단히 자신을 평가하고 잰다는 것입니
다. 그러다 보니 우리는 언제나 '쳐진 사람들'loser이고, 열등감
과 분노에 싸여 자신을 위장합니다. 무슨 일을 하든 우리에게
는 만족이 없습니다. 언제나 그 에서가 나보다 더 잘할 거라는
생각에 우울하고 위축됩니다. 그분의 축복으로부터 소외된 것
처럼 안달복달합니다.

자신이 늙어 앞을 잘 보지 못하고, 이제 살날이 얼마 남지
않자, 이삭은 큰아들 에서를 부릅니다. 하나님께서 아브라함에
게 주시고, 다시 아브라함이 자기에게 전해준 복을 다시 큰아
들 에서에게 전할 시간이었습니다. 그러나 리브가는 남편이 아
들 에서에게 하는 지시사항을 담장 너머로 듣습니다. 그리고
에서가 들판에서 사냥하고 있을 때, 리브가는 작은아들 야곱을
불러 형 에서의 의복으로 갈아입힙니다. 그리고 이삭에게 들어
가 에서인 것처럼 하라고 시킵니다.

야곱이 아버지의 천막 안으로 들어가자, 이삭이 물었습니
다. "너는 누구냐?" "에서입니다." 물론 거짓말이었습니다. 그
러나 한편으로는 진실에 가까웠습니다. 야곱 역시 에서의 삶에

탐닉했기 때문입니다. 그는 이미 절반 이상이 에서였습니다. 아버지가 형 에서에게 했던 것처럼 더 많은 것으로 자신을 축복해주길 바랐습니다. 그러므로 "제가 에서입니다"라고 말했을 때, 그는 어느 정도 진실을 말하고 있었던 것입니다. 그러나 하나님이 축복하시기로 작정한 사람은 에서가 아니라 야곱이었습니다.

얼마나 기가 찰 노릇입니까? 하나님께서 택하고 사랑하시기로 작정한 그 야곱이 에서가 되려고 염소 털로 목과 손을 덮어가면서 눈먼 아버지 앞에 서 있었기 때문입니다. 그러나 기억하십시오. 하나님은 눈이 멀지 않았거든요. 하나님은 우리가 누군지 아십니다. 아무리 위장하고 포장하고 가리더라도 우리가 누군지 꿰뚫어 보십니다. 그러므로 더 이상 위장하지 마십시오, 더 이상 가면을 쓰지 마십시오. 더 이상 에서가 되려고 하지 마십시오.

텅 빈 들판에서 배운 인생의 진실

야곱은 속임수를 쓰다가 결국 집에서 쫓겨납니다. 넋 놓고 있다가 단단히 속은 에서가 분노에 차 서슬 퍼런 칼을 뽑아 들었기 때문입니다. 야곱은 길 떠날 준비도 제대로 하지 못한 채 허겁지겁 집을 떠납니다. 목숨을 건지기 위해서였습니다. 역설적으로 그는 자기 유산에서 점점 멀어져 가는 신세가 된 것입니다. 죽어라 달리다 보니 도망자 신세로 텅 빈 들판에서 하룻밤을 보냅니다.

그러다가 놀라운 일이 일어납니다. 매우 의외의 상황이 벌어집니다. 한밤중 광야 한복판에서 광활한 하늘을 초대형 화면 삼아 상영되는 황홀한 영화 한 편이 그의 눈앞에서 펼쳐지고 있었습니다. 최악의 실패 속에서 하나님의 축복이 찾아온 것입니다. 예기치 않은 축복의 순간이었습니다. 잠에 곯아떨어졌을 때 야곱은 '하나님의 꿈'을 꿉니다. 그가 꾸어본 적이 없는 꿈, 자신의 간절한 바람과 소원을 투영한 것이 아닌 꿈, 계시적인 꿈, 하나님의 꿈을 꾸게 된 것입니다. 그 꿈은 눈물겨울 정도로 찬란하고 영광스러웠습니다.

하늘과 땅 사이에 엄청나게 큰 사닥다리(사실은 '지구라트'라 불리는 계단식 신전 형태로 추측합니다)가 나타났습니다. 천사들이 그 사닥다리 위로 오르락내리락했습니다. 그 꼭대기에는 하나님이 계셨는데, 이렇게 말씀하십니다. "나는 너의 조상 아브라함과 이삭의 하나님 여호와이다. 네가 누워 있는 땅을 내가 너와 네 자손들에게 주리라." 입이 딱 벌어지는 놀라운 계시였습니다.

이 꿈 이전에도 야곱은 꿈을 꾸었습니다. 꿈을 이루기 위해 사닥다리에 오르고 또 올랐지만 정상에는 이를 수 없었습니다. 게다가 지금은 도망자 신세가 되어 황량한 광야에서 한없이 추락하고 있었습니다.

우리 역시 사닥다리 꼭대기에 오르기 위해 갖은 애를 쓰지만, 언제나 오르다가 떨어지고 맙니다. 더 황당할 때도 있습니다. 온갖 고생을 하면서 겨우 올랐는데, 내가 생각하고 바라던 곳이 아니라는 사실을 알았을 때, 얼마나 허망했는지요!

꿈을 꿀 때 야곱은 어디에 있었습니까? 사닥다리 위에 있었습니까? 사닥다리를 오르락내리락한 것은 야곱이 아니라 천사들이었습니다. 그리고 사닥다리 꼭대기에는 하나님이 계셨습니다! 야곱은 한밤중 광야에서 "인생은 사닥다리 타기가 아니다"라는 진실을 배웁니다.

행복은 만족의 기술이다

본디 하나님의 은혜는 예상할 수 없다는 특성이 있습니다. 선물의 특징이 바로 의외성 아닙니까? C. S. 루이스가 말한 "예기치 못한 기쁨"Surprised by Joy 말입니다.

우리 앞에는 두 갈래 길이 있습니다. 자기 삶을 스스로 풍성하게 만들려고 애쓰면서 세월을 보내든지, 아니면 풍성한 삶을 선물로 받든지, 둘 중 하나입니다. 목표를 이루려고 애쓴다면, 불평과 불만이 우리를 따라다닐 것입니다. 우리는 아무리 얻어도 만족할 수 없기 때문입니다. 그러나 인생 목표를 '받아 누리는 것'으로 한다면, '감사'라는 친구가 우리를 따라다닐 것입니다.

하나님은 우리가 야곱으로 남아 있기를 바라십니다. 즉,

'선택받은' 야곱으로, '사랑받는' 야곱으로 남아 있길 바라십니다. 우리 눈과 마음을 열고 오직 그분만이 줄 수 있는 것을 받아들일 수 있는 용기를 얻게 되길 바랍니다.

연을 날리려면 먼저는 기다림에 익숙해야 합니다.

'바람' 말입니다. 바람 없이는 연을 날릴 수 없기 때문입니다.

그런데 바람이 불지 않는데도 연을 날리려면 힘껏 뛰는 수밖에 없습니다.

처음에는 연을 날리기 위해 앞으로 빨리 달리지 않습니까?

그러면 연은 이륙하기 시작합니다.

그러다가 숨이 차서 멈추어 서면 연은 금방 떨어집니다.

빨리 달린다고 해서 연이 나는 것은 아니니까요.

궁극적으로 연은 바람이 있어야 납니다.

바람이 불 때 비로소 연은 바람을 타고 창공으로 치솟습니다.

제 2 장

대안적인 삶을 시작하다

아합 밑에서
오바댜로 산다는 것

　　오바댜는 북이스라엘의 어리석은 왕 아합 밑에서 궁내대
신을 지낸 인물입니다. 그는 당시 이스라엘 왕국에서 제2인자
였습니다. 이스라엘 북쪽에 있던 페니키아 제국은 바알 종교의
본산이었습니다. 두로와 시돈은 페니키아의 대표적인 도시 국
가들이었습니다. 이때 아합은 페니키아의 왕 엣토바알의 딸 이
세벨과 정략결혼을 합니다. 이렇게 하여 아합은 북이스라엘의
영적 지형도를 근본적으로 흔들어놓은 악인이 되었습니다.

　　아합은 이스라엘의 여호와 신앙을 이교적 바알 신앙으로
바꾸어놓은 장본인이었습니다. 바알 종교는 근본적으로 번영
과 건강을 추구하는 자연주의 기복 종교이며, 보통 풍산豊産 종

교라고 부릅니다. 현대적인 용어로 표현하자면 "건강과 번영의 복음"gospel of wealth and health을 핵심으로 삼던 종교였습니다. 아합은 바알 제사장들을 동원하여 여호와 신앙의 선지자 엘리야 및 엘리사와 정면 충돌했으며, 왕후 이세벨의 간교한 간청에 넘어가 선량한 시민 나봇의 포도원을 강탈한 악질적인 왕이었습니다왕상 21장.

그런 왕 아래서 오바댜는 궁내대신을 하고 있었습니다. 매일같이 궁중에서 일어나는 더럽고 불의한 일을 보면서 말할 수 없는 심적 고통을 느꼈을 것입니다. 모순투성이 세상에서 살아가는 하나님 백성의 고민을 우리는 오바댜에게서 발견합니다. 이럴 경우, 그리스도인이 취할 태도는 무엇일까요? 모형론적으로는 세 가지 옵션이 있습니다.

첫째, 다른 나라로 이민을 떠나는 것입니다. 더 이상 악한 왕 아합 밑에서 살지 않으려면 이 길이 제일 수월해 보입니다. 그러나 곰곰이 생각해보면 이 선택도 나름대로 문제가 있습니다. 어느 나라로 갈 것입니까? 사실 주변국을 둘러보아도 마땅한 나라가 보이지 않습니다. 이스라엘보다 더 악하면 악했지 신앙을 지킬 만한 나라가 없기 때문입니다.

우리가 사는 이 세상, 이 시대는 정말 악합니다. 약육강식세상이며 정글의 법칙대로 굴러갑니다. 정의보다는 불의를 통해서만 성공의 정상에 오를 수 있습니다. 이런 세상이라면 그리스도인이 어떤 태도를 취하는 게 좋을까요? 하루속히 이 세상을 떠나는 것? 어떤 분들은 하루빨리 하나님 나라(천국)에 가고 싶다고 말합니다. 세상이야 곧 멸망할 테니 가능하면 빨리 세상을 '탈출'하고 싶다는 것입니다. 그런데 그런 사람에게 "오늘 천국으로 보내 드릴까요?" 하면 펄쩍 뜁니다. 얼마나 모순입니까? 그들에게 이 세상은 존 버니언의 《천로역정》에 나오는 장망성(將亡城, 장차 망할 성, city of destruction)입니다. 이런 사람의 신앙은 이원론적입니다.

이것이 세상에 대한 성경적 가르침일까요? 아무리 썩고 불의하더라도 세상은 아직도 하나님이 구속하고 계신, 그분이 사랑하시는 곳입니다. 악한 왕 아합이 다스리고 있더라도 결코 이민을 떠나야 할 나라는 아닙니다.

둘째, 악한 왕 아합을 '제거'하는 것입니다. 아합이 얼마나 못된 왕입니까? 스스로 여호와 신앙을 버렸을 뿐 아니라, 버젓이 바알 종교를 도입하고 바알 제사장들을 적극 후원하는 못된 자가 아닙니까? 앞서 말한 것처럼, 나봇을 살해하고 그의 포도원을 왕실 재산으로 귀속시킨 악랄한 통치자 아닙니까? 이런 왕 밑에서 제2인자 자리에 앉아 있는 오바댜는 분명 고통스러운 날들을 보내지 않겠습니까? 아합을 제거하면 좀 더 평화로운 나라가 되지 않겠습니까? 그런데 아합을 제거하려면 궁중음모를 통해 혁명을 일으켜야 합니다. 무혈 쿠데타가 될지 유혈 쿠데타가 될지 아무도 모릅니다. 분명 많은 피를 흘려야 합니다.

어떤 그리스도인은 악한 왕 아합을 무력으로라도 제거해야 한다고 주장합니다. 본회퍼가 이런 말을 했지요. "사람을 가득 태운 버스가 미친 듯이 거리를 질주합니다. 그 안에 여러분이 타고 있습니다. 그런데 운전사가 미친놈입니다. 수많은 사람의 목숨이 이 미치광이의 운전대에 달려 있습니다. 여러분이라면 어떻게 하시겠습니까? 미친 운전사가 계속 운전하도록 둘 것입니까? 아니면 목숨을 걸고라도 제거할 것입니까?" 이 운전사는 히틀러를 두고 한 말입니다. 그는 세계 제2차 대전을 일으킨 전범이었고, 600만 명이나 되는 유대인 학살을 포함하여 수많은 사람은 전쟁에서 목숨을 잃었습니다. 본회퍼의 말은 결코 틀린 말이 아닙니다. 용기가 있다면 저라도 그런 운전사를 끄집어 내렸을 것입니다. 그러나 이런 경우는 매우 드문 경우입니다. 매우 극단적인 사례입니다.

비록 아합이 악하고 못된 왕이었더라도 히틀러와 같은 범주에는 들어가지 않는다고 봅니다. 오바댜의 내러티브를 읽어 보면 아합은 국가적인 가뭄을 극복하기 위해 오바댜와 함께 전국을 순회하기도 합니다. 이런 것을 보아도 그는 혁명을 통해 제거되어야 할 인물은 아닌 것 같습니다. 따라서 오바댜의 고민 해소법에서 아합 제거는 그에게 정당한 옵션은 아닌 듯합니다.

오늘날 그리스도인이 세상 악에 대해 상대하려 할 때, 그것이 악덕 사업주든 교묘한 수퍼갑이든 개인적 악이든 구조적 악이든 상관없이, 피를 흘리는 혁명을 통해서는 해결이 요원한 이유입니다. 칼은 또 다른 칼을, 피는 피를 불러오기 때문입니다.

마지막 옵션은, 한계 내에서 살아가는 법을 배우는 것입니다. 아합의 악정惡政 밑에서 제2인자로 살아가는 경건한 오바댜는 자신의 신앙적 고민을 극복하는 방식으로 이민도, 아합 제거도 적절하지 않다는 사실을 알게 됩니다. 죽으나 사나 주어진 삶의 한계 내에서 살아가는 법을 배우는 것이 최선이었지요. 아합과 함께 살되 자기 신앙의 길에서 벗어나지는 않아야 했습니다.

이것이야말로 앞의 두 옵션보다 훨씬 어려운 일입니다. 악과 함께 살아가는 것은 마치 불치의 암에 걸린 사람이 암과 함께 살아가는 법을 배우는 것과 같습니다. 오바댜는 이 방식을 택한 것입니다. 그는 혁명이 아니라 누룩과 같은 개혁을 믿었습니다. 고통과 핍박을 감수하면서도 하나님 나라가 반드시 악한 세상 속으로 돌입하고 있음을 믿는 사람입니다. 그가 이런 인생관과 세계관을 갖게 된 증거로 성경은 이렇게 말합니다. "이 오바댜는 여호와를 지극히 경외하는 자라"왕상 18:3. 그뿐 아니라 엘리야에게 자기 삶을 간증하는 자리에서 오바댜 스스로 이렇게 언급한 적이 있습니다. "당신의 종은 어려서부터 여호와를 경외하는 자라"왕상 18:12.

그는 자신의 한계와 권한 내에서 할 수 있는 일을 다 했습니다. 아합의 서슬 퍼런 여호와 선지자 박해 명령에도 선지자 백 명을 오십 명씩 나눠 광야의 굴속에 숨기고 매일 떡과 물을 공급했습니다. 얼마나 위험천만했겠습니까? 상당한 희생을 각오해야 했던 드라마틱한 작전이었습니다. 아합의 철저한 감시를 따돌려야만 했기 때문이었습니다. 발각되면 목숨을 부지할수 없었습니다. 하지만 그는 한계 안에서 자신의 힘과 권한을 최대한 사용했습니다. 그리고 이 모든 일을 이끌어가시는 분이하나님이심을 믿었습니다. 이것이 여호와를 경외하는 삶입니다. 그는 악한 왕 아합 밑에서 선하게 사는 법을 우리에게 알려준 경건한 사람이었던 것입니다.

오바댜! 그의 이름은 "여호와의 종"이라는 뜻입니다. 그는이름처럼 하나님을 제대로 섬기는, 하나님을 제대로 예배하는사람이었습니다. 참 성도는 세상에 살지만 세상에 속한 사람은아닙니다. 오바댜 성도들이여! 용기를 잃지 마십시오. 끝까지견디는 자가 구원을 얻을 것입니다.

바람이 불어올 때
해야 할 일

혹시 연을 날려본 일 있습니까? 연을 날리려면 먼저는 기다림에 익숙해야 합니다. 무엇을 기다리나요? '바람' 말입니다. 바람 없이는 연을 날릴 수 없기 때문입니다. 그런데 바람이 불지 않는데도 연을 날리려면 힘껏 뛰는 수밖에 없습니다. 처음에는 연을 날리기 위해 앞으로 빨리 달리지 않습니까? 그러면 연은 이륙하기 시작합니다. 그러다가 숨이 차서 멈추어 서면 연은 금방 떨어집니다. 빨리 달린다고 해서 연이 나는 것은 아니지요. 궁극적으로 연은 바람이 있어야 납니다. 바람이 불 때 비로소 연은 바람을 타고 창공으로 치솟습니다.

그리스도인도 마찬가지입니다. 성령의 바람 없이는 복음

은 죽은 글자에 불과하고 교회는 마른 뼈들이 모인 골짜기에 불과합니다. 선교는 선전이나 홍보에 지나지 않을 것입니다.

그러나 성령의 바람이 불기 시작할 때, 그리스도는 현존하십니다. 복음은 믿는 사람에게 구원을 주시는 하나님의 능력이 됩니다. 교회는 그리스도의 살아 있는 몸이 됩니다. 선교는 자발적으로 찾아가는 발걸음이 됩니다.

물론 성령의 바람 없이도 이런저런 일을 할 수는 있습니다. 그러나 얼마 안 있어 연이 땅에 떨어지듯 한계가 드러납니다. 마치 바람 없는 날에 연을 날리는 어린이처럼 매번 달리다가 좌절만 깊어갑니다. 그러므로 우리는 바람을 기다려야 합니다. 성령의 바람을 기다려야 합니다. 아니, 사모해야 합니다. 그리고 성령의 바람이 오면, 그 바람을 타야 합니다. 그 바람, 그 성령에 자신을 온전히 맡겨야 합니다. 이것이 성령께 항복한다는 의미이기도 합니다. 그러면 창공을 날 수 있을 것입니다.

제 마음속에는 하늘을 나는 새에 대한 그리움이 있었습니다. 특별히 바다 갈매기를 부러워합니다. 미국 오하이오주에 살 때였습니다. 저녁 식사를 하고 나면, 종종 가족과 함께 가까운 호수에 나가곤 하였습니다. 바다만큼이나 광활한 이리 Erie 호수 가에는 언제나 바다 갈매기들이 날았습니다. 잠시 차를 멈추고 바다 갈매기들이 하늘을 나는 광경을 물끄러미 쳐다보곤 하였습니다. 바람을 타고 이리저리 창공을 나는 갈매기가 정말 부러웠습니다. 얼마나 자유롭고 멋졌는지요! 창공을 난다는 것, 그것도 세찬 바닷바람을 타고 비상飛上하는 모습은 언제나 제 마음속 깊은 갈망을 자극했습니다.

바다 갈매기들은 미칠 듯 바람을 기뻐합니다. 바람을 이용하여 떴다가 내려오기도 하고, 방향을 멋지게 틀기도 합니다.

그렇습니다. 바다 갈매기처럼 우리도 성령의 바람을 탈 수만 있다면, 자신을 내맡긴다면, 이러한 바람이 우리를 실어나른다는 확신만 든다면, 우리는 능력power을 받게 됩니다. 힘을 얻게 될 것입니다. 이것이 "성령이 너희에게 오시면 너희는 능력을 받는다"는 말씀의 의미입니다.

날마다 성령을 사모합시다. 그분께 우리 삶을 맡겨봅시다. 연이 바람을 타고 날 듯이, 신자는 성령이 오셔야 비상할 수 있습니다. 성령께 자신을 내어 맡긴 사람은 좁을 길을 걸으면서도 기뻐할 수 있습니다.

대안적 삶을
꿈꾸게 하는 사람

구약의 예언자들은 위대한 시인들이었습니다. 이 사실은 오늘날 설교자들에게 많은 점을 시사합니다. 월터 부르그만은 설교와 설교자에 관한 매우 자극적이고 도전적인 책에서 설교를 두 가지 유형으로 나누었습니다. 그는 설교의 두 모형을 범주화하여 '산문'prose과 '시'poetry라고 칭합니다.

그가 "산문의 세계"prose world라고 부른 것은 고정된 형식에 안주하고 인습에 이끌려 아무런 흥분과 열정, 정념과 생동감, 기대와 예측 없이 지내는 평평하고 밋밋한 세계입니다. 목회 기도도, 주일 아침에 선포하는 설교도 "산문체"일 수 있다고 말합니다. 이러한 세계 속에 사는 사람들은 아무런 기대도 없이 강단에 올라갑니다. 그리고 아무런 감흥도 없이 밋밋하게 산문의 세계를 소개할 뿐입니다. 마치 가도 가도 끝이 없는 미국의 대평원을 달리는 운전자와 같아, 좌우를 보아도 항상 무미건조할 뿐입니다. 운전자는 이미 앞서 일어날 것을 예측할 수 있습니다. 갑작스럽게 나타나는 것은 아무것도 없습니다. 이것이 소위 "산문의 세계"입니다. 이러한 세계에 사는 사람들에게는 마치 내일이 없는 것처럼 보입니다. 세상은 매일 반복되는 일들이 아무런 상관 관계없이 연속적으로 일어나는 곳일 뿐입니다.

그러나 이와 반대로, "시의 세계"world of poetry는 정반대입니다. 여기서 '시'는 단순히 운율이나 박자 등을 가리키지 않습니다. 시는 함축적인 언어를 경제적으로 사용하여 세워지는 "이상한 세계"입니다. 또한, 그 언어들은 엄청난 파괴력을 담은 폭발물과 같아 매우 조심스럽게 다루어야 합니다. 시인이 만들어낸 세계는 삶과 죽음을 결정하는 위험천만한 세계이자, 믿음의 도약 없이는 건널 수 없는 세계이기도 합니다. 시인의 세계는 보통 사람들이 생각하는 예측된 세계와는 전혀 다른 곳입니다.

시인들은 그들의 언어를 사용하여 자신이 보여주려는 세계를 창조하며, 동시에 그들은 독자와 청중에게 이 새로운 세계 속으로 들어오라고 촉구하고 초청합니다. 예언자들이 그들의 메시지를 우리에게 시문으로 남겨주었다는 사실은 이런 의미에서 시사하는 바가 큽니다. 아니, 그들 자신이 매우 강력한 시인들이었다는 사실이 설교자들에게는 강렬한 메시지를 전달합니다. 이 점에서 부르그만의 말은 음미해볼 만합니다.

> 넓게 말해, 성서 본문의 언어는 예언자적입니다. 우리의 매일 인습들을 넘어서서 존재하는 실체들, 다시 말해 이 세계를 초월하여 존재하는 실체들을 불러냅니다. 이러한 의미에서 우리는 성서 본문의 언어가 예언적이라고 부릅니다. … 시인/예언자는 정착되고 안주된 실체를 산산조각 내는 목소리이며, 귀담아 경청하는 회중들 속에 새로운 가능성을 자극하여 불러내는 소리이기도 합니다. 설교란 이러한 위험천만한 언어습관, 그러나 반드시 필수적이어야만 하는 이러한 언어습관을 계속하는 행위입니다. 본문에 대한 시적 연설poetic speech, 설교의 시적 선포는 모든 것이 당연시되는 이 세계를 넘어서는 새로운 세계를 예언자적으로 구성하는 것입니다.
> _《마침내 시인이 온다》에서

설교자들은 고대의 히브리 예언자들처럼, 일반적인 사람들이 갖고 있는 세계가 아닌 새로운 세계를 선포하는 자들입니다. 부르그만의 용어를 빌리자면, 설교는 "대안적 세계에 대한 시적詩的 구성"입니다. 예언자들의 선포는 미래에 대한 새로운 시나리오scenario를 제시하려는 것이 아니라, 현 세계에 대한 새로운 대안alternative을 제시하려는 데 있었던 것입니다.

이제 우리의 주장은 좀 더 분명해졌습니다. 히브리 예언자들의 메시지, 그들이 남긴 메시지를 담은 예언서들은 불의와 죄악으로 점철된 인간 세상을 향해 하나님이 통치하시는 새로운 세상을 본질적인 대안으로 선포하고 제시했습니다. 그들의 선포는 하나님의 통치와 지배와는 병립할 수 없는 이 세상 나라들의 전통, 인습, 세계관, 가치관에 대한 심각한 도전이며, 따라서 그들의 전적인 포기와 항복을 집요하게 요구하는 메시지였습니다.

예언서에 자주 등장하는 주제들, 예를 들어, 불의한 자들에 대한 사회정치적인 비판, 오만과 독선으로 가득한 자들을 향한 사회정치적 비난, 야웨 하나님 없는 이방 열국을 향한 전 세계적 비판, 제사의식을 중심으로 모든 것을 환원시키려는 종교주의자들에 대한 종교-제의 비판 등과 같은 주제들은 바로 창조주이며 구원자이신 하나님의 진정한 통치와 다스림이라는 포괄적인 예언적 메시지의 빛 아래 이해되고 적용되어야 할 사항들입니다. 심지어 구원의 미래에 대한 선포마저도 당대의 언약 백성의 삶에 대한 비판으로 주어졌던 것입니다.

억울한 사람이
없도록

평생 성경학자로 살아왔고, 학교에선 구약학을 가르쳤
다. 구약 중에서도 예언서를 전공했다. 자연스레 이스라엘 사
회의 예언자 역할에 깊은 관심을 두었다. 예언자의 주된 역할
은 신탁神託, oracle이라는 문학 장르를 통해 당시 사회에 만연
한 불의와 부정을 질타하는 것이었다. 이른바 "예언자의 목소
리"prophetic voice를 내야 했다. 정의와 공정, 공의와 공평이 무
너져 내린 사회를 향한 사자의 포효였다.

당시 부패한 기득권이 그 목소리를 좋아할 리 없었다. 예
언자들은 언제나 변방에서 중앙으로 들어가는 도로를 탄다. 일
그러진 사회 지도층의 중심부를 향해 날카로운 화살촉을 장착

하고 뚜벅뚜벅 들어간다. 그들은 군사를 거느리지 않는다. 때론 독불장군이지만 그의 뒷배에는 항상 천군 천사를 거느리는 야웨가 계시다. "만군의 하나님"LORD of hosts. "전능하신 하나님"LORD Almighty으로 번역되는 그 성호다(구약에 261번 사용되었다!). 그러니 그들은 세상을 두려워하지 않았다. 부패한 권력자를 무서워하지 않았다. 그들의 언어 사전에는 '정의'가 맨 앞자리를 차지했다. 정의로운 세상, 공의 위에 세워진 나라, 가장작은 자라도 두려움 없이 사는 사회를 꿈꾸었다. 하늘에서 그들에게 보여준 대안 세상은 샬롬의 세상이었다. 샬롬은 정의와 공의 위에 세워진 세상이다. 예언자들이 보고 겪는 세상은 불의로 가득했다. 사방에서 원성과 하소연, 눈물과 고통 소리가들렸다.

히브리 예언자들의 탄식과 질타는 정의를 갈망하는 인류의 보편적 특성이다. 예를 들어, 조선 영정조 시대에 기록된 것으로 알려진 《춘향전》의 한 장면을 보자. 암행어사 이몽룡이 변사또 생일에 남루한 거지 행색으로 참석해 붓을 들어 관장들의 포학에 일침을 가하는 장면이 있다. 중고등학교 고전 한문 시간에 읊어댔던 칠언절구七言節句 시다.

금준미주金樽美酒는 천인혈千人血이요
옥반가효玉盤佳肴는 만성고萬性膏라
촉루락시燭淚落時에 민루락民淚落이요
가성고처歌聲高處에 원성고怨聲高라.

금 술잔의 향긋한 술은 만백성의 피요
옥쟁반의 기름진 고기는 만백성의 기름이요
촛농 떨어지는 곳에 백성의 피눈물이 떨어지고
노랫소리 높은 곳에 원망 소리 드높더라.

정의는 사회적 개념

개인 간에 발생하는 불의나 조직과 체제 안에서 발생하는 불의나, 모두 사회성을 띤다. 혼자 불의를 저지르는 법은 없다. 불의는 언제나 당하는 대상이 있게 마련이다. 예를 들어, 갑질, 착취, 압박, 폭력, 배제 등은 정의가 실종되었을 때 생기는 사회적 불의 현상이다. 사회적 정의가 실종되었을 때 가장 큰 피해를 보는 부류는 언제나 약자다. 약자 역시 "사회적" 약자다. 이처럼 예언자들의 정의론은 언제나 '사회적' 정의론이다. 뒤집어 말하자면 그들은 언제나 "사회적 불의"social injustice에 대해 목소리를 높였다.

학대나 착취, 혐오와 배제에 쉽게 노출되는 대상이 있다. 구약 성경에는 하나님을 대신하여 예언자들의 특별한 관심과 보호 요청을 받는 네 부류가 언급된다. "가난한 자들", "과부들", "고아들", "나그네들"이다. 고대 이스라엘 사회는 매우 유동적이었다. 전쟁과 기근과 전염병은 상수였고, 사회 안전망은 일부 특권층에만 집중되었다. 네 부류는 든든한 후견인이 없어

외부 공격에 무방비 상태로 노출되어 쉽게 먹잇감이 되었다. 예언자들은 이스라엘 사회에 "하늘 윤리", 즉 하늘에서 통용되는 윤리가 있어야 한다고 외쳤다.

하늘 윤리는 근본적으로 하나님이 인류에게 요구하시는 보편 윤리다. 이 윤리는 주체 중심이 아니라 타자 중심 윤리다. 전통적 윤리인 주체 중심 윤리에서, 윤리를 생각하는 주체는 자기 자신이다. 즉 내가 어떻게 생각하고 행동하는 것이 윤리적인지를 따져 묻는다. 하지만 성경의 사회윤리 사상, 특별히 예언자의 사회윤리 의식은 언제나 타자 중심적이다. "타자 중심적 윤리가 요구하는 것은 자기 이익보다 타자의 이익을 우선하라는 것이 아니라 적어도 타자에게 부당하게 고통을 가하지 말라는 것이다. 윤리에서 문제가 되는 타자는 억울하게 고통하는 타자이다"(손봉호, 《약자 중심의 윤리: 정의를 위한 이론적 호소》, 128~9).

구약학 강의 중, 특별히 예언자의 정의론을 강의할 때마다 정의가 무엇인가라는 질문부터 던진다. 성경적 대답은 명확하고 분명하다. "억울한 일이 없도록 하는 것!" 이어지는 질문은 "억울한 일을 당하는 사람들이 누구냐?" 대답 역시 분명하다. "가난한 자, 과부, 고아, 나그네." 결국, 성경의 정의는 약자 중심의 윤리로 이동해야만 한다. 적극적 정의를 말할 때엔 "하나님이 사람에게 무엇을 요구하시나?"라는 예언자 미가의 질문을 떠올릴 수 있어야 한다. "사람아 주께서 선한 것이 무엇임을 네게 보이셨나니 여호와께서 네게 구하시는 것은 오직 정의를 행하며 인자를 사랑하며 겸손하게 네 하나님과 함께 행하는 것이 아니냐"미 6:8.

사회 정의(공의)를 수립하고 실천하고, 약자를 향한 변치 않은 사랑(인애)을 구현하고, 일상생활에서 하나님을 경외(하나님의 주권을 인정하는 삶)하며 사는 것이 하나님이 요구하시는 기독교적 사회 윤리상이다.

스승이신 손봉호 박사님을 찾아뵙고, 내가 저술하고 손 박사님에게 헌정한 《교회에게 하고픈 말》(두란노)을 드렸다. 떠나기 전 자신의 저서 《약자 중심의 윤리: 정의를 위한 이론적 호소》에 친필 사인을 담아주시면서 신학자와 목사로서의 나의 길에 정성 어린 격려를 해주셨다. 오늘 그 책을 다시 열어보면서 철학 · 윤리학자로서 선생님의 정의론과 구약 신학자로서 나의 정의론이 이렇게 맞닿을 수가 있구나 생각하며 뿌듯하고 감사했다.

"윤리가 약자를 보호하기 위한 제도라면 모든 윤리는 정의로 환원된다."

천민자본주의에서
벗어나는 길

　　지금의 한국 교회를 돌아볼 때 가장 아쉽게 생각하는 부분
은 '공교회성'catholicity에 관한 것입니다. 여기서 공교회성이란
교회의 속성 중 하나인 "보편성"을 두고 하는 말입니다. 조금
더 설명하자면, "하나님이 그분의 선한 뜻 안에서 결정하신 것
외에 기독교에는 아무런 경계선이 없다. 성별이나 연령, 사회
적 지위나 신분, 국적이나 언어 등과 관련해 아무런 경계선도
없다"라는 것입니다.

　　물론 공교회성에는 하나님이 제정하신 기관인 교회는 본
질적으로 공공성을 지닌 공적 기관이어야 한다는 가르침도 들
어 있습니다. 공적公的이라 함은 사적이어서는 안 된다는 의미

도 있겠지만, 긍정적으로는 성삼위일체 하나님을 섬기는 지상의 모든 교회는 하나의 보편 교회catholic church를 구성하고 형성한다는 뜻이 더 강합니다. 한 걸음 더 나아가 여기서 말하는 보편적이라는 말은 "그리스도 안에서 주어진 충만pleroma에 의해 살아가고, 다른 성도와 함께 그리스도의 충만한 데까지 성장하기를 바란다엡 3:14-19는 의미를 내포함과 동시에, 온갖 종류의 편협함과 싸우고 다양한 측면을 추구한다"라는 것을 뜻합니다.

교회는 특정한 사람이나 단체의 사적 소유물이 아닙니다. 비록 누군가가 개척하여 설립했더라도 교회는 결코 그 사람의 전유물이나 소유물이 아닙니다. 이것이 분명하고 당연한 사실이지만, 현재 한국 교회가 인정할 수밖에 없는 불편한 진실은 교회가 사적 기관으로 전락했다는 것입니다. 쉽게 말해 개척한 사람이 교회 주인처럼 군림하고 유명 목회자가 교회의 대주주 행세를 합니다. 아니면 주식회사의 이사들처럼 몇몇 의기투합한 사람들이 설립한 교회는 그들이 만든 정관에 따라 움직이며 '그들만의 리그'가 되기도 합니다.

이처럼 대부분 교회에는 강고한 기득권 세력이 존재합니다. 이는 개인 목회자일 수도 있고 돈 많은 특정한 장로들일 수도 있고, 아니면 몇몇 창립 멤버일 수도 있습니다. 그런 교회들은 자연스레 '개교회주의'에 함몰될 수밖에 없습니다. 그리고 이 개교회주의의 밑바탕에는 '천민자본주의'가 똬리를 틀고 있습니다. 이웃 교회는 언제나 상업적 경쟁자일 뿐이며, 지역교회들의 앞다툰 공격적 전도 행위는 '호객행위'로 비춰지기도 합니다. 이것이 현대 자본주의에 깊이 물든 교회의 서글프고도 일그러진 모습입니다. 돈, 돈, 돈이 궁극적 신앙(우상)이 되는 것이지요.

우리가 무한경쟁 시대를 살아가고는 있지만, 교회마저 출혈 경쟁에 돌입한 것은 부끄러운 일입니다. 작으면 작은 대로, 크면 큰 대로 경쟁 트랙에서 무한 질주를 합니다. 크게 성공하거나 아니면 최소한 살아남기 위한 각가지 묘수를 고안해냅니다. 물론 무한정 쏟아져 나오는 목회자 후보생들이 자의반 타의반으로 목회정글 속에 투입되어 적자생존이라는 비인간적 악순환에 갇히고 마는 서글픈 현실을 몰라서 하는 말은 아닙니다. 그럼에도 솔직히 말해 상당히 많은 목회자가 천민자본주의의 희생자가 되어 생계형 사역자로 전락한 지 꽤 오래되었음은 부인할 수 없는 사실입니다. 신적 소명에 대한 근본적 반성과 성찰 없이는, 규모에 상관없이 모든 교회가 처한 영적 현실을 타개하기 어렵습니다.

지상 교회들이 자기 교회에만 시선을 집중하는 것은 이기적인 행태일 뿐 아니라 교회의 공교회성에도 위배됩니다. 자기 배만 부르면 된다는 천박하고 미개한 생각이 아니고 뭐겠습니까? 목회자들은 교인들에게 이웃 교회를 위해 기도하도록 가르치고 훈련해야 합니다. 그들은 결코 경쟁자가 아닙니다. 그리고 이웃 교회를 넘어 지상의 모든 교회를 위해서도 그렇게 해야 합니다. "나는 공교회를 믿습니다!"Credo in Ecclesiam

Catholicam라고 진심 어린 신앙고백을 한다면 말입니다.

오래전에 경험했던 아래 두 일화逸話를 접하며 저는 교회의 공교회성을 새롭게 각인하게 되었습니다.

에피소드 ㅣ

거의 30년이 다 되어가는 아주 오래전 일이었습니다. 서울 구로동의 어느 상가에 자리 잡은 개척교회에 설교를 부탁받아 찾아간 일이 있었습니다. 대중교통을 이용해야 해서 일찍 집에서 나와 버스 타고 지하철 타고, 다시 여기저기를 걸어 주소만 가지고 어림잡아 찾아가는 중이었습니다. 당시는 스마트폰도 구글 지도도 내비게이션의 도움도 받지 못하는 시절이었습니다. "이쯤이면 나올 것 같은데…" 하며 걷고 있었고 시계를 보니 예배 시작 15분 전이었습니다. 조급해지기 시작했습니다. 굽이굽이 골목길을 돌아서는데 저만큼 자그마한 교회당이 보였습니다. 삼삼오오 안내하는 모습도 보였습니다. 저기 가서 물어봐야겠다고 생각하며 걸어갔습니다. 그중 어떤 분이 내게 주보를 건네며 "어서 오세요!"라고 반갑게 영접했습니다. 정장 차림의 신사가 오니 얼마나 반가웠겠습니까?

"안녕하세요. 수고하시네요. 이 근방에 낙원교회라고 있다는데, 혹시 아시면 알려주실 수 있겠습니까?" 하고 정중하게 물었습니다. 그 순간 안내 위원의 안색이 바뀌는 것이 보였습니다. 약간은 짜증스럽다는 투로 "예, 잘 모르겠습니다!" 하며 다른 교인을 반갑게 맞이하는 것이었습니다. 뭔가 기분이 썩

좋지 않았습니다. 예배 시작 5분밖에 남지 않아 눈을 들어 허겁지겁 주변 상가 건물들을 스캔하듯 훑었습니다. 저만치 2층 상가 창문에 "낙원교회"라는 이름이 붙어 있었습니다. 아까 그 교회와 1분 거리도 안 되는 곳이었습니다. 전 세계에 흩어진 예수 그리스도의 보편적 교회들까지는 아니더라도 자신이 다니는 교회 주변에 있는 이웃 교회들에 대해 우리는 얼마나 관심이 있습니까?

에피소드 II

의욕과 패기로 가득 찬 젊은 목사 이야기입니다. 개척교회나 다름없는 작은 교회에 목사로 부르심을 받아 사역을 시작한 지 얼마 안 되었을 때입니다. 교회는 도시 외곽에 위치하였습니다. 초라한 개척교회 처지였지만 그에게는 장차 큰 교회를 이루리라는 꿈이 있었습니다.

어느 주일 아침이었습니다. 늘 그렇듯 그날도 남가주 하늘은 화창했고 거리는 한산했습니다. 그는 교회를 향해 차를 몰았습니다. 시내를 통과하던 중 신호등에 걸렸습니다. 아침 9시 30분경이었습니다. 오로지 앞만 주시하면서 신호등이 빨간 불에서 파란불로 바뀌기를 기다렸습니다. 그런데 갑자기 온몸이 불처럼 뜨거워지는 것을 느꼈습니다. 얼굴도 화끈거렸습니다. "이게 뭐지?"

남가주의 일요일 아침 햇살은 밝은 게 사실이었지요. '그래도 그렇지, 내 몸이 이렇게 뜨거워지는 것하고 무슨 상관?' 그 순간 어디선가 들려오는 소리가 있었습니다. 그 소리는 자신에게 이렇게 말했습니다.

"이 길을 운전하고 다니면서, 이곳 신호등 앞에 설 때마다 한 번이라도 왼쪽을 돌려본 일 있니?"

"뭐라고요?" 그는 자동반사적으로 대답했습니다. 다시 목소리가 들려왔습니다.

"차가 정지했을 때 고개를 돌려 한 번이라도 왼쪽을 쳐다본 일이 있느냐고 물었다!"

이 순간 그는 더 이상 대꾸할 수 없었습니다. 물어본 목소리도 대답을 알고, 자신도 그랬기 때문이었습니다.

번번이 옆을 쳐다보길 거부했던 이유는 그곳에 도시에서 가장 큰 침례교회가 있었기 때문이었습니다. 자존심은 고개가 왼쪽으로 움직이는 것을 허락지 않았습니다. 멋진 일요일 아침에 수많은 사람이 성경을 옆에 끼고 교회당에 들어가는 것을 보고 싶지 않았습니다. '장차 저 교회보다 더 크고 많은 사람이 모이는 교회로 성장시킬 수 있어!' 이런 마음이 고개를 돌리지 못하도록 했던 것입니다. 2~3분도 되지 않는 신호등 앞에서의 정지 순간에 그는 성령의 강력한 음성을 듣고 있었습니다. 얼굴이 화끈거리고 온몸이 불덩어리 같아 어쩔 줄 모르는 사이 신호등이 바뀌었습니다.

교회당에 도착하니 텅 빈 교회당 공간이 그날따라 성스럽게 보였습니다. 그야말로 성소聖所, sanctuary였습니다. 그날 예배에서 뭐라고 설교했는지는 기억나지 않았습니다.

그다음 주일도 어김없이 돌아왔습니다. 교회로 가는 길에 다시 그 침례교회 앞 신호등에 섰습니다. 빨간 불빛 신호등. 그는 고개를 왼쪽으로 돌려 교회를 쳐다보았습니다. 삼삼오오 밝은 얼굴로 교회당으로 들어가는 그리스도인들이 눈에 들어왔습니다. 그는 기도했습니다. "오늘도 주님께 예배하러 가는 저분들에게 은혜를 덧입혀 주세요. 말씀 위에 굳건히 서는 교회가 되게 해주세요." 곧 파란불이 들어왔습니다. 그때로부터 그의 개척교회에도 파란 불이 켜지기 시작했습니다.

미국 오순절교단 포스퀘어 처치Foursquare Church 잭 헤이포드Jack Hayford의 젊은 시절 목회 일화입니다. 내가 1980년대 중반 미국 오하이오주에서 목회할 때 참석했던 목회자 세미나에서 본인에게 직접 들었던 내용입니다. 그는 1969년 35살이 되던 해에 교인 수가 18명밖에 안 되고 평균 연령은 65세인, 캘리포니아 로스앤젤레스 근방에 점점 시들어가는 작은 교회의 목사로 부르심을 받고 목회를 시작합니다. 처음에는 6개월만 봉사하기로 했지만 결국 평생 목회합니다. 그 교회는 1980년대 초에 미국 대형교회 운동의 선구적 역할을 할 정도로 급성장합니다. 잭 헤이포드는 65세가 되던 1999년에 30년을 목회했던 '길 위의 교회'The Church on the Way에서 은퇴합니다.

수십 년 전 세미나 이후로 내게도 큰 변화가 있었습니다. 주일 아침 섬기는 교회로 갈 때마다 몇몇 교회를 지나게 되었는데, 그때마다 헤이포드 목사를 기억하며, 지나치는 교회들을 위해 기도하는 습관이 생겼습니다. "주님, 저 교회에 드나드는 당신의 양들이 풍성한 꼴을 먹고 신앙 안에서 건강하게 자라게 해주세요" 혹은 "영혼의 위로와 힘을 얻고 돌아가게 해주세요" 등등 짧게나마 기도합니다. 은퇴한 지금도 교회당을 볼 때마다 특별히 상가에 자리 잡은 교회들을 볼 때마다 잠시 기도하는 습관을 갖게 된 것은 큰 은혜입니다.

같은 지역에서 함께 섬기는 지역교회는 경쟁자가 아니라 동역자입니다. 그들은 한 성령 안에서 한 분 하나님과 한 분 예수 그리스도를 주님으로 모시는 하나님 나라의 "함께 일하는 일꾼"입니다.

사회의 구조적
악에 관하여

2014년 4월 16일, 세월호 침몰로 인한 대형 참사를 겪으면서 한국 사회에 오랫동안 뿌리박혀 있던 각종 폐단들이 한꺼번에 고구마 줄기 나오듯 줄줄이 터져 나왔습니다. 각종 '피아'들이 신문에 이름을 올렸습니다. 관(료마)피아, 군(대마)피아, 법(조마)피아, 종(단마)피아, 교(육마)피아 등등. 마피아라는 폭력 조직에 관형사를 바꾸어 달면 수많은 변종 악의 집단을 묘사할 수 있다는 비극적인 사실을 인식했습니다. 이들 모두는 "구조적 악"structural evil에 관한 사회 병리 문제를 잘 보여줍니다.

한편 한국의 기독교인, 특별히 스스로 보수적이고 복음적이라고 생각하는 기독교인이나 그 지도자(목사와 신학자)들은 종종 개인적 차원의 죄만 죄로 여기는 경향이 있습니다. 그들은 개별적인 차원의 도덕적·윤리적 죄에 집중하면서도 죄의 "집합성과 사회성"에 대해서는 큰 관심을 두지 않습니다. 최근 우리나라에 만연한 여러 구조적 악들을 보며 미국 유학 시절에 들었던 "착한 사마리아인 비유" 버전 2가 떠올랐습니다. 변형된 버전은 개인 윤리를 넘어 사회 윤리까지 나가도록 했고, 악이 개인 차원을 넘어 사회의 구조적 차원에까지 깊이 자리 잡고 있음을 깨우쳐 주었습니다.

예루살렘에서 여리고를 왕래하던 사마리아인 사업가가 있었습니다. 어느 날 사업차 여행 도중에, 강도를 만나 심하게 두들겨 맞고 죽어가던 한 유대인을 발견합니다. 그는 허겁지겁 그 강도 만난 사람을 자기 나귀에 태워 인근 여인숙에 데리고 갔습니다. 응급치료뿐 아니라 며칠 쉬면서 회복할 수 있도록 여인숙 주인에게 넉넉한 돈까지 지불하면서 부탁했습니다. 참 착하고 고마운 사람입니다.

얼마 후 이 사업가는 여리고에서 일을 마치고 다시 예루살렘으로 가는 중이었습니다. 그런데 이번에도 강도를 만나 얻어맞고 쓰러져 길에 누워 있는 사람을 보게 됩니다. 사마리아인은 아무 말 없이 그 강도 만난 사람을 불쌍히 여겨 자기가 할 수 있는 모든 도움을 주었습니다. 상처에 약을 발라주었고 나귀에 태워 산중 여인숙에 데리고 가 주인에게 그를 돌봐주라고 부탁하면서 부대비용도 넉넉하게 지불했습니다.

일주일 후에 다시 그 도로를 거쳐 예루살렘에서 여리고로 가는 도중이었습니다. 이번에도 거의 똑같은 일을 목격합니다. 또 다른 희생자가 길바닥에 방치되어 있는 것이었습니다. 물론 사마리아인은 또다시 그를 위해 할 수 있는 모든 도움을 아끼지 않았습니다. 이즈음이 되자 사마리아인 사업가는 고개를 갸우뚱했습니다. 뭔가 이상하다는 느낌을 받았습니다. 이 도로에 군대가 상주해 있고 치안을 담당하는 것으로 아는데 어떻게 이런 사건이 반복해서 일어나는가 하는 의구심이었습니다. 그래서 사업가는 전말을 알아보기로 했습니다.

얼마 지나지 않아, 그는 예루살렘에서 여리고로 가는 산악 도로를 지키는 군대에 새 대대장이 임명된 사실을 알게 됩니다. 그런데 이야기를 들어보니, 그 대대장이 지역 강도들로부터 뇌물을 받아먹을 뿐 아니라 그들과 종종 회식도 하고 골프도 친다는 것이었습니다. 강도 신고가 들어와도 신속하게 출동하지 않을 뿐 아니라 체포해도 뇌물을 먹고 풀어준다는 것입니다. 한마디로 강도 떼와 조폭 두목은 파견 대대의 지휘관과 형동생 하는 사이였고, 검은돈이 버젓이 오갔습니다.

사마리아인 사업가는 이 문제를 놓고 어떻게 해야 할까 고민했습니다. 여리고 병원에 가서 입원한 강도의 희생자들을 찾아가 돌보는 일을 더 해야 할지, 아니면 자원자를 모집해 산악 도로를 순찰하는 순찰대를 조직할지, 아니면 자원봉사자로 구호단을 조직해 강도 피해를 입은 사람을 돌보는 일에 시간과 재원을 쏟아야 할지 생각해보았습니다.

그러나 그는 그 무엇도 효과적이지 않다는 것을 깨닫습니다. 좀 더 조직적으로 문제의 핵심을 살펴 대응하는 것이 좋겠다는 결론을 내립니다. 그가 채택한 방법은, 사람들을 동원하여 여리고에 있는 로마 총독부 앞에 가서 데모하는 것이었습니다. 정당한 데모를 통해 문제를 널리 알리는 것이었습니다. 그리고 산악도로의 안전을 회복하고 안심하게 하는 순찰을 보장하는 책임자를 새로 임명하라고 압력을 가하려고 방향을 잡았습니다. 즉, 불의한 대대장을 파면하고 정직한 다른 대대장으로 임명해달라는 요구였습니다.

총독부 앞에 모여 거리 행진을 하며 시위를 벌이는 군중들을 보면서 여리고 총독은 일말의 두려움을 느낍니다. 혹시 그런 이야기가 로마 황제의 귀에까지 들어가면 자기 목도 위험했기 때문입니다. 총독은 부정직한 대대장을 은밀하게 파면하고 예루살렘에서 여리고에 이르는 도로를 확실하고 안전하게 지킬 책임감 있는 자로 임명합니다. 이렇게 되자 도로는 다시금 평안과 안전을 되찾습니다.

선한 사마리아인 비유는 그 자체로 우리에게 개인적 선행과 긍휼이 얼마나 중요한지를 잘 알려줍니다. 강도 만난 자에게 자신의 개인 자원(시간과 돈 등)을 바치는 긍휼의 사람이 착한 사마리아인입니다. 인종적으로 유대인에게 개 취급을 받던 사마리아인이 유대인을 위해 위험을 감수하며 베푼 사랑과 긍휼의 행동은 두고두고 칭찬받아야 할 선행입니다. 오죽하면 서양에선 병원 이름 가운데 "선한 사마리아인 병원"Good Samaritan Hospital이 많겠습니까? 어쨌든 선한 사마리아인의 선행은 모든 그리스도인이 닮아야 할 그런 모습입니다. 그러나 위의 새로운 버전이 웅변적으로 말하듯이, 개인적인 자선과 선행을 넘어야 하는 부분이 분명히 존재합니다. "사회적인 구조 악들"social structural evils이 버티고 있기 때문입니다. 그럴 땐 단순히 개인 차원의 사랑과 배려와 자선으로는 충분하지 않습니다. 악마와 마귀는 인간의 악함을 교묘히 이용하여 구조적인 악을 생산해 내기 때문입니다.

피조세계 전체를 "정의와 공의"로 다스리시기를 원하시는 창조주 하나님의 왕권Kingship을 기억한다면, 신앙의 사회성에 관한 눈이 열려야 합니다. 일그러지고 왜곡되고 불의한 이 세상에 하나님의 정의롭고 공의로운 통치가 실현되길 갈망한다면 그 '사회적 제자도'의 길로 걸어갈 준비가 된 것입니다.

변화가 두려워지기
시작할 때

　광고에서 중요하게 다루는 개념은 '변화'입니다. 이 제품이나 서비스를 사용하면 당신의 삶이 확 바뀐다고 강조합니다. '변화'change라는 상품처럼 잘 팔리는 광고 아이템은 없지요. 그런데 광고에 대해 전혀 관심이 없는 사람들을 대상으로는 별 효과를 보지 못합니다. 아니면 삶이 너무 어렵고 힘들거나 위기에 처한 사람들에게도 아무런 힘을 쓰지 못합니다. 광고에 신경을 쓸 만큼 한가롭거나 여유 있지 않기 때문입니다. 사실상 광고는 대부분 현재 삶에 "막연하게 만족하지 못하는" 사람들, 그래서 (근본적인 변화가 아닌!) "약간의 변화만" 있으면 좋겠다고 생각하는 사람들에게 잘 먹힙니다.

사람들은 변화를 바랍니다. 가구를 새롭게 사들이거나, 자동차를 바꾸거나, 다른 넥타이를 매거나, 하던 일을 그만두고 새 일을 찾는 등으로 변화를 꾀합니다. 선거 구호 중에서도 가장 직설적인 구호가 "바꿔!"입니다. 영어권에서도 선거 전략의 중요 키워드는 'change'입니다. 사람들은 변화를 요구하기 때문입니다. 쉽게 지겨워하고 지루해하는 현대인들에게 변화는 새로운 바람을 의미하기 때문입니다.

물론 변화를 싫어하는 사람도 있지만, 그들은 "원치 않는" 변화를 싫어할 뿐입니다. 정직하게 말하자면, 근본적인 변화, 획기적인 변혁, 혁명적인 변화에 대해서는 모두 부정적입니다. 우리가 바라는 변화는 자기 삶을 약간 수정하고 재배치하고 재조정하는 정도의 변화입니다. 한 직장을 다니다가 이름만 다른, 결국엔 엇비슷한 회사로 직장을 바꾸는 일이나, 오랫동안 한집에 살다가 지루해서 다른 집으로 이사가는 경우나, 한 사람과 데이트하다가 사람을 바꿔 다른 사람과 데이트하는 경우도 마찬가지입니다.

변화에 대한 이런 일반적인 태도는 신앙생활에도 반영됩니다. 최근에 기독교계도 '영성'靈性, spirituality에 대한 관심이 커졌지요. 너도나도 '영성'에 대해 말하고 세미나에 참석하고 어느 정도 유익을 얻기도 합니다. 그러나 대부분은 삶을 재조정하거나 신앙적 방향을 약간 변경하거나 무드를 부드럽게 잡아주는 데 집중하는 경우가 많습니다.

하지만 예수님은 그런 일에 별로 관심이 없으셨습니다. 그분은 우리의 신앙적 편의를 위해 오신 분이 아닙니다. 우리 삶과 신앙에 근본적인 변화를 가져오려고 예루살렘으로 들어오신 것입니다. 우리에게 '새 정체성'을 주려고 하셨습니다.

성경에 따르면 그리스도 안에서 우리의 모든 것이 달라졌습니다. 옛것은 지나갔으며 모든 것이 새롭게 되었습니다. 여러분의 인생은 새로운 미래를 향해 자유로운 존재입니다. 종려주일에 예루살렘으로 입성하시는 분은 그런 변화를 예루살렘의 기득권층에 요구하십니다.

누가 변화를 싫어하는가?

이러한 근본적인 변화를 받아들이는 데 가장 힘들어하던 사람들은 모두 종교인이었습니다. 성전은 엄청난 종교 기관이 되었습니다. 그 안에는 다양한 이해와 이익을 대변하는 여러 종교 기득권 세력이 한 지붕 아래 살아갔습니다.

그중에 바리새파 사람들이 있었습니다. 그들은 종교적 순결성을 아주 중요하게 생각하고 그 순결성이 다칠까 봐 극도로 걱정했습니다. 그들은 성전이 구조적으로 잘 나누어져 있다는 사실을 매우 자랑스럽게 생각하였습니다. 당시 성전 건물 안에는 이방인을 위한 뜰, 여성만을 위한 공간, 유대인 남성만을 위한 공간, 제사장 공간이 따로 있었습니다. 자기가 속한 방이 아닌 다른 방이나 공간에 들어가면 오염된다고 생각했습니다. 그 정도로 종교적 순혈주의 신봉자들이었습니다. 항상 자기가 신학적으로 정통이며 누구보다 올바르게 하나님을 섬긴다고 자처하였습니다. 그들의 엄격주의와 문자주의는 숨 막힐 정도였습니다.

이런 바리새파와 함께 쌍벽을 이루는 분파가 바로 사두개파였습니다. 그들은 신학적으로 상당히 진보적이었습니다. 동시에 관료적이었기 때문에 사회적으로는 매우 보수적이었습니다. 그들은 변화를 싫어했습니다. 로마 치하에서 갖은 특권을 누렸습니다. 사두개인들은 바리새인들이 광적인 근본주의자라고 생각했습니다. 그러나 두 파벌은 자기 기득권을 유지하면서 '상생'하고 있었으며 따라서 현 상태가 유지되기를 바랐습니다. 급격한 변화를 싫어했으며 변혁을 촉구하는 목소리에는 함께 저항했습니다.

불행하게도 그들이 벌인 신학적 논쟁을 살펴보면 사회의 진짜 문제들에서 벗어나려는 수단과도 같았습니다. 변혁과 변화가 오면 그들이 지금 누리는 기득권을 포기하거나 빼앗길지도 모른다는 두려움이 깊었습니다.

하나님께서는 우리의 삶 속에 '획기적인 변화'와 '급진적인 변혁'을 가져오기를 원하십니다. 하나님은 우리가 지금 가난한 자들을 돌보고 있는지를 묻진 않으실 겁니다. 도시 문제 해결을 위해 무엇을 실천하는지도 마찬가지입니다. 오히려 그분은 우리에게 "누가 가난한 자인지 알고 있느냐"라고 물으실 것입니다. "성전과 교회에서는 발견할 수 없는 사람들, 그런 사람들을 위한 공간과 자리를 삶 속에, 교회 안에 만들어본 일이 있느냐"라고 물으실 것입니다.

감람산 퍼레이드

어느 날 감람산 위에서 한 퍼레이드가 시작되었습니다. 예루살렘 성안으로 들어가는 퍼레이드에서, 나사렛 예수께서는 나귀를 타고 있었습니다. 종려나무 가지를 든 "심히 많은 무리"가 겉옷을 벗어 땅에 펼쳤습니다. 그리고 큰 소리로 외쳤습니다. "다윗의 아들 만세! 여호와의 이름으로 오시는 이여, 복이 있을지어다! 지극히 높은 하늘에서 호산나!"

이 무리는 대부분 갈릴리, 여리고, 베다니 등지에서 왔습니다. 이 중에는 장님이었던 바디메오, 세리 삭개오, 죽은 자 가운데서 살아난 나사로 등도 있었을 겁니다. 또한, 한때 예수께서 먹이셨던 굶주렸던 사람들, 치료해주었던 병자들, 죄 용서를 받았던 죄인들도 있었을 겁니다. 하지만 예루살렘 성과 도시는 이 퍼레이드에 참가하지 않았습니다.

마태는 예루살렘에 있는 사람들과 예수의 행렬을 따르는 무리를 분명하게 구분하고 있습니다. 또한 성안 사람과 성 밖 무리를 구분합니다. 무리는 지금 예수님과 함께 퍼레이드를 따라 움직입니다. 그들은 길 위에 있는 사람들입니다. 그 무리는 그들이 바라고 잡을 수 있는 구원을 찾고 간절히 바라던 사람들이었습니다. 그들은 예수님께 뭔가를 얻고 싶었습니다. 그러나 도시를 움직이고 경영하던 사람들은 현실에 안주하고 거기에 완전히 정착한 이들입니다. 그들은 변화를 두려워하고 싫어했습니다. 도시 안에 있었던 사람들, 매우 종교적이었던 그들, 모든 좋은 것을 갖고 있었던 기득권층은 예수님 때문에 잃을 것이 많았습니다. 그래서 그들은 소동하고 불안해한 것입니다.

현재 상태에 어느 정도 타협하면서, 완전하게 만족하지는 않지만 그래도 현재의 좋은 것을 간직하고 싶은 사람들은 삶을 약간 재조정하는 차원에서 더는 앞으로 나아가지 않습니다. 그러나 마음이 가난한 사람들은 구세주를 필요로 합니다. 그들은 구원자가 절실하게 필요한 사람들입니다.

예수와 함께 성전에 들어갑시다

그렇다면 예수님이 오신다는 소식에 예루살렘은 왜 소동하였을까요? 그들은 퍼레이드가 무엇을 의미하는지 알았습니다. 즉 구세주께서는 성전을 뒤집어엎을 것이었습니다. 예루살렘 성의 사람들은 구원자를 필요로 하지 않았지만 무리는 계속 외칩니다. "호산나, 구주가 오시고 있다. 호산나, 이제 바뀔 것이다. 변화될 것이다. 변혁이 일어날 것이다."

여러분은 이 이야기가 어떻게 전개되는지 잘 아실 겁니다. 예수께서 도시 안으로 들어가서 하신 일은 성전을 똑바로 세우는 것이었습니다. 즉 잘못된 관행, 삐딱한 일들, 옳지 못한 관습들, 더럽고 추잡한 일들을 바로 세우는 것이었습니다. 그는 기득권 세력들을 모두 내어 쫓았습니다. 마태는 예수께서 누구를 성전으로 데리고 들어갔다고 말합니까? 어린아이와 절름발이 불구자와 앞 못 보는 소경, 즉 권력과 힘 있는 사람들이 배제한 모든 사람이었습니다.

무엇보다도 우리의 깜깜한 절망에 은혜로운 긍휼이 베풀어지길 바랍니다. 그리스도의 능력을 보지 못하게 나를 가로막고 있는 것은 무엇입니까? 무엇이 진정한 변화를 경험하지 못하도록 합니까? 죽고 사는 문제도 아닌 사소한 논쟁들에 몰두하고 있습니까? 그곳에서 빠져나와 예수님과 함께 성전에 들어갑시다.

고공비행하던 비행기가 갑자기 난기류를 만나

심하게 흔들리고 풍전등화 상태가 됩니다.

그러나 놀라운 사실은 이런 단계에서

기도가 비로소 제대로 된 '동력'을 얻는다는 사실입니다.

탄식하고 애걸하고 소리치고 눈물 흘립니다.

눈물이 영혼의 양식이 되는 때입니다.

여리고의 걸인 바디매오처럼

"다윗의 자손 예수여, 나를 불쌍히 여겨주시옵소서!"라고

울부짖는 시간입니다. 어쨌든 경로에서 벗어날 때,

그래서 모든 것이 혼란스럽고 혼미하여 어찌할 바를 모를 때,

비로소 기도의 샘이 터집니다.

제 3 장

단순한 삶이

축복입니다

온갖 불필요한 것들과
이별을 시작하다

　　나와 연배가 비슷한, 그러니깐 현역 은퇴가 몇 년 남지 않은 K집사님이 있습니다. 한국에서 대학을 졸업하고 1974년도에 미국으로 이민 갔으니 이민 생활이 어언 50년 가까이 된 분입니다. 나도 1980년에 미국에 갔었는데 그분이 이민 선배인 셈입니다. 1980년대 중반에 우리는 오하이오주 톨레도에서 같은 교회를 섬기고 있었습니다. 당시 나는 30대의 젊은 목사로 톨레도에 있는 한인 교회의 담임목사였고, K집사님은 공인회계사로 직장에서 일하면서도 신학생 이상으로 성경을 공부하고 하나님 말씀대로 살아내려고 부단히 애쓰는 신실한 성도였습니다. 그분은 전공을 살려 교회 재정을 알뜰하게 돌보고 있었습니다. 이렇게 하여 그분과 나는 한 교회에서 잘 지냈습니다. 그 집 자녀들과 우리 집 아이들도 같은 또래였기 때문에 자주 집에 놀러가곤 하였습니다. 그러기를 5년을 지내다가 K집사님은 직장을 따라 아이오아주로 이주했고 나는 그 후 네덜란드로 박사 학위를 하러 떠났다가 한국으로 귀국했습니다.

그 후 오랜 시간이 흘러, 몇 해 전 K집사님이 미국계 기업체의 한국 대표로 한국에 나와 있다는 소식을 우연히 들었고 어느 날 통화가 되었습니다. 30년 만에 우리 두 사람은 다시금 목사와 교인으로 같은 교회에서 다시 만났습니다. 30대의 젊은 이들이 이젠 60대가 된 중년이 되어 만났기에 신기했고, 그분이 하는 일의 특성상 언젠가는 헤어져야 했기에 애잔했습니다.

어느 날 마침내 그런 날이 찾아왔습니다. 이제 한국에서의 일을 접고 미국에 돌아가게 되었다는 이야기를 전하는 집사님의 얼굴에서 깊은 서운함을 읽을 수 있었습니다. 만남과 이별은 늘 인생의 반복되는 리듬이지만 이별만은 늘 생소하고 낯설었습니다. 누군가를 만나는 순간부터 헤어질 때를 생각하며 슬퍼하는 내 천성이 여지없이 민낯을 드러내면서 상당 기간 아무것도 손에 잡히지 않았습니다. 우울한 날들이었습니다. 마음 가운데 커다란 구멍이 뚫린 것 같았습니다.

헤어짐, 이별, 서운함, 서글픔, 아쉬움, 그리움, 석별의 정, 이런 것들은 우리 인생이 제대로 처리할 수 없는 신기한 감정 같습니다. 부모님도 언젠가는 곁을 떠날 것이고, 애지중지 키웠던 자녀들도 성장하여 우리 곁을 떠나며, 손을 꼭 잡고 평생을 같이 걷겠다던 배우자가 암 투병으로 고생하다 먼저 떠날 때도 있고, 영원한 우정을 다짐했던 친구도 사소한 일로 곁을 떠날 때가 있습니다. 김포공항에서 머나먼 외국으로 떠나는 손자를 보면서 "내가 너를 다시 볼 수 있겠니?" 하며 손수건으로 눈물을 훔치던 저의 외할머니도 떠오릅니다. 어쨌든 이별은 언제 어디서 만나도 낯선 이물질입니다!

이처럼 30대에 5년을 함께 보냈던, 그리고 30년이 지난 60대에 5년을 다시 함께 보낸 교인을 떠나보내는 것 역시 쉽지 않았습니다. 이렇게 헤어졌던 K집사님이 미국으로 가서 예전에 살던 아이오와주에서 시카고로 이사했다는 소식을 들었습니다. 가도 가도 끝이 없는 옥수수 밭만 보이는 미국 중서부 아이오와주의 겨울은 참으로 매섭습니다. 그런데 이 추운 겨울에 장거리 이사를 하게 되었으니 여간 걱정스러운 일이 아니었습니다. 엊그제 K집사님은 이삿짐을 싸면서 만감이 교차하는 이야기를 내게 보내왔습니다. 그 이야기 일부를 나눠봅니다.

목사님, 이번 이사는 정말 힘들군요. 다시는 못할 것 같습니다. 저희가 아이오와주에서 5년 전에 집을 팔고 한국으로 이사하면서 짐을 반 이상 버리고 단출하게 산다고 했는데 이제 다시 이삿짐을 싸다 보니 어디서 이렇게 많은 물건이 나오는지 알다가도 모르겠네요. 자세히 보면 별로 필요하지도 않은 것들을 그렇게 많이 데리고 산다는 느낌을 지울 수가 없었습니다. 그래도 작은 위안이 있었다면 동네에 팔려고 내놓은 많은 집을 보았는데 그들보다는 우리 짐이 그래도 한결 적었다는 점이었습니다.

아하, 우리의 삶이 이런 게 아닐까요? 온갖 불필요한 것들로 자신을 스스로 힘들게 하면서 정작 중요한 것을 소홀히 하는 어리석음을 반복하는 우매함 말입니다. 예전에 아무 것도 없을 때가 정말 그리워지는 것은 나이 때문만은 아닌 것 같습니다.

이 편지를 읽으면서 잠시 멍해졌습니다. 필요 이상의 것을 움켜쥐고 살아가는 내 모습이 보였기 때문입니다. "온갖 불필요한 것들로 자신을 스스로 힘들게 하면서 정작 중요한 것을 소홀히 하는 어리석음을 반복하는 우매함." 바보처럼 살아간다는 게 뭔지를 다시금 깨닫는 아침이었습니다.

편지를 읽은 후, 아내와 함께 서재로 들어갔습니다. 그리고 나에게 불필요한 것들이 무엇인지를 생각했습니다. 서재 정리를 하기로 한 것입니다. 먼지가 쌓인 책장과 책들, 수십 년을 움켜쥐고 한국에서 미국으로, 미국에서 네덜란드로, 네덜란드에서 미국으로, 미국에서 한국으로 힘들게 싸들고 다녔던 책들을 물끄러미 쳐다보니 추억들이 떠올랐습니다.

책마다 다 사연은 있습니다. 저것이 내 것이었나 할 정도로 생소한 책도 있지만 대부분 손때가 묻은 추억의 시간여행 출발역이기도 합니다. 어쨌건 정리하고 살아야 할 것 같다는 생각이 지워지지 않는 오늘 아침, 우선 처리할 책들을 뽑아 방바닥에 던졌습니다. 당분간 좀 더 두어야 할 책들은 말고 오늘 내겐 그다지 필요하지 않은 책들을 뽑아내기 시작했습니다. 내가 방바닥에 던진 책들을 아내는 벽돌 쌓듯이 차곡차곡 쌓았습니다. 어떤 책은 아파트 폐지 박스로 갈 것이고, 버리기에는 아까워 누구에겐 주고 싶은 책도 있습니다. 버릴까 말까 하다가 방바닥에 던진 책도 있고, 던졌다가 다시 책꽂이에 넣은 책도 있습니다. 아직도 불필요한 것들로 스스로 짐을 지우려는 발버둥인 셈이지요. 일차로 뽑아보니 대략 150권 정도가 나왔습니다.

1980년에 미국으로 유학을 가서 여러 달을 소위 슈퍼마 켓에서 일했습니다. 말이 슈퍼마켓이지 약간 규모가 있는 동 네 식료품 가게였습니다. 집에서 필요한 공산품으로부터 부엌 용 세제, 우유와 치즈, 각종 채소, 콜드 샌드위치, 자그마한 주 류 섹션, 각종 담배들(아마 미국산 담배 이름을 저보다 더 많이 아는 분은 별로 없을 겁니다), 각종 와인과 맥주들, 청량음료 등이 있 었습니다.

매년 여름 3개월 동안 부지런히 이른 아침부터 밤늦게까 지 일했습니다. 학비 조달을 위해서였습니다. 아침 6시에 가게 문을 열고, 출근하는 손님들을 위해 커피를 내립니다. 점심은 마켓 한쪽에 쭈그리고 앉아 샌드위치와 스프라이트 캔 하나로 때웠습니다. 그래도 돌이켜보면 행복했던 시간이었습니다. 몸으로 때우는 시간이었기 때문에 지금처럼 정신적 스트레스는 덜 했으니까요.

가끔 주인의 분부에 따라 '재고 조사'Inventory management라는 것을 했습니다. 보유 물품의 양과 위치를 구체적으로 점검하여 앞으로의 상황에 효율적으로 대처하는 일이었지요. 수요 공급 원리에 따라 물량을 제때 사용하도록 비축할 뿐 아니라, 불확실성에 대비합니다. 때론 특정 상품들이 계절에 따라 가치가 상승 혹은 하락할 수 있어서 재고 조사는 꼭 필요했습니다. 재고 조사는 보통 손님이 없는 늦은 밤에 합니다. 매장뿐 아니라 매장 뒤쪽 창고까지 구석구석을 뒤집니다.

조사 전에 먼저 해야 할 일이 있습니다. 창고 구석에서 발견되는 쥐똥, 썩은 과일, 부패한 채소, 찌그러진 담배 상자, 터진 청량음료 캔에서 흘러나온 액체 때문에 끈적거리는 물품, 때론 훔쳐가려고 종업원들이 몰래 숨겨 두었던 물건…. 이런 것들을 깨끗이 청소하는 일이 우선입니다.

그 후에 어느 정도 정리정돈을 마친 후에야 비로소 재고 조사가 시작됩니다. 물품을 종류별로 분류하여 가지런히 놓는 후 남아 있는 물품 수량들을 기록합니다. 전체적으로 어느 품목이 빠졌는지, 더 주문해야 할 것이 무엇인지, 앞으로 어떤 특수가 있을지를 예상해 반영합니다.

적어도 1년에 한두 번 정도는 우리 신앙 역시 재고 조사가 필요합니다. 인생을 최종 결산해야 하는 날에 대비하기 위해서라도 그러하지요. 우리에게 어떤 영적 자원들이 있는지(기도생활, 성경읽기, 구제와 봉사생활 등), 얼마나 남아 있는지, 어떤 자원이 보충되어야 하는지를 살피는 것입니다.

먼저 마음 창고를 깨끗하게 청소하는 일이 우선되어야 합니다. 우리 마음 안에 자신도 모르게 썩어 있는 것, 냄새 나는 곳, 끈적거리는 것이 무엇인지. 먼지가 쌓여 작동되지 않는 선들은 어디에 있는지, 신앙생활의 불균형은 없는지, 편식하는 것은 아닌지, 먹기만 하고 운동을 하지 않아 비만하지는 않는지, 좋지 않은 것을 먹어 영적으로 허약해졌거나 빈혈 현상은 없는지, 영적 근육이 없어 비실비실대는 것은 아닌지, 면역력이 급속히 떨어져 조그마한 시험이나 유혹에도 쉽게 넘어가는 상태는 아닌지, 혹시 토피TOFI(Thin-Outside-Fat-Inside, 외형적으로는 날씬한데 내장은 비만인 상태) 크리스천은 아닌지? 즉 겉으로는 겸손하고 경건하고 신앙적인데, 속으로는 온갖 욕심으로 살이 찐 상태인지….

이런 것의 밑바탕에는 "실천적 무신론"이 있습니다. 하나님의 실질적 다스림에 순종하려 들지 않는 사람을 의미하지요. 시편 14장은 "어리석은 자는 그의 마음에 이르기를 하나님이 없다 하는도다"로 시작합니다. 하나님 말씀을 수없이 인용하고 설교하고 암송하면서도 실제 삶에서는 하나님의 자리가 없는 사람이 이런 상태에 있다고 봅니다.

언약백성의 세 가지 순종

내가 무엇을 가지고 여호와 앞에 나아갈까?
내가 무엇을 가지고 높으신 하나님께 경배할까?

내가 번제물로 일 년 된 송아지를 가지고 그 앞에 나아갈까?
여호와께서 천천의 숫양이나 만만의 강물 같은
기름을 기뻐하실까?

내 허물을 위하여 내 맏아들을 드릴까?
내 영혼의 죄로 말미암아 내 몸의 열매(자식)를 드릴까?

이게 누구의 말입니까? 이스라엘 백성의 고백입니다. 하나님께 나와 예배드리는 사람들이 한 말입니다. 그들은 대부분 열정적인 신앙인들입니다. 그러나 그들이 드리는 예물은 사실상 뇌물성 예물이었습니다. 하나님의 환심을 사려는 예물이었습니다. 그들의 열정도, 기도도, 찬송도, 심지어 금식조차도 마찬가지였습니다. 실제 삶에서는 하나님께 순종하지 않으면서 종교적 열정으로 그 빈자리를 때우는 신앙이었습니다. 미가는 이것을 신랄하게 비판합니다.

하나님은 여러분에게 무엇을 요구하십니까? 언약백성이라면 마땅히 해야 할 일들이 있습니다.

사람아, 하나님께서 너에게 요구하시는 것이 무엇인지 아느냐? 그가 너에게 요구하시는 것은 오직 세 가지니, 첫째는 정의롭게 행동하는 것이고, 둘째는 친절과 배려와 긍휼의 신실한 마음으로 다른 사람들을 대하는 것이고, 셋째는 겸손하게(조심스럽게, 지혜롭게) 네 하나님과 함께 인생길을 걸어가는 것이다 미가 6:8, 저자 개인역.

이 구절은 구약 성경에서 하나님과의 관계는 어떠해야 하는지 명확하게 정의 내려주는, 가장 깊게 뇌리에 남는 구절입니다. 미가서는 동시대 선지자들인 아모스와 호세아와 이사야의 메시지를 종합 요약하고 있다고 생각하면 됩니다.

아모스에게서는 "정의롭게 행동하라!"는 메시지를 가져왔습니다. "오직 정의를 물같이, 공의를 마르지 않는 강같이 흐르게 할지어다"암 5:24. 호세아로부터는 "인자를 사랑하라!"는 메시지를 얻었습니다. "나는 인애를 원하고 제사를 원하지 아니하며 번제보다 하나님을 아는 것을 원하노라"호 6:6. 이사야로부터는 "겸손하게 하나님과 함께 걸으라!"는 말씀을 들어 전했습니다. "겸손한 자에게 여호와로 말미암아 기쁨이 더하겠고 사람 중 가난한 자가 이스라엘의 거룩하신 이로 말미암아 즐거워하리니"사 29:19.

이것이 하나님께서 언약백성에게 요구하시는 세 가지 순종 행위입니다Justice, Mercy, Faithfulness. 이 세 가지는 모두 일상과 관련이 있습니다.

하나님의 말씀에 붙어살기

요한복음에서는 예수께서 이 말씀을 당신의 언어로 제자들에게 소개하십니다. "너희가 내 말에 거하면 참으로 내 제자가 되고 진리를 알지니 진리가 너희를 자유롭게 하리라"요 8:31-32. 이렇게 사는 것이 하나님의 말씀에 붙어사는 것입니다. 개인 번역으로 달리 옮겨보겠습니다.

> 너희가 내 가르침을 꼭 붙잡는다면, 너희가 내 가르침 안으로 이사해 들어와서 그 안에 거주한다면, 너희는 정말로 내 제자들이다. 그러면 너희는 진리(진실)를 알게 될 것이고, 그 진리(진실)가 너희를 자유인이 되게 할 것이다.

미가 말씀에 비추어 요한복음에서 말하는 예수의 가르침을 붙잡고 산다는 의미는 다음과 같습니다.

궁핍함 가운데 있는 사람들에게 넉넉하게 베푼다는 뜻입니다. 또한, 관대하게 베풀면서도 자기가 그렇게 했다는 사실을 그 누구에게도 말하지 않는 것입니다.

남의 실수와 잘못과 약점을 보면서도 그것으로 그 사람을 판단하지 않는다는 뜻입니다. 그것을 두고두고 티 내는 어떤 사람과 같지 않다는 것입니다.

음탕한 눈으로 다른 사람을 보느니 차라리 오른쪽 눈을 뽑아버린다는 뜻입니다. 누군가를 음탕한 눈으로 쳐다본 그 사람은 이미 마음으로 간음을 저질렀기 때문입니다.

교회에 와서 예배드리기 전에 먼저 껄끄러운 사람이나 보고 싶지 않은 사람과 화해한다는 뜻입니다.

다른 사람의 잘못과 죄를 용서한다는 뜻입니다. 용서하지 않으면 하나님도 나의 잘못과 죄를 용서하지 않으심을 알고, 먼저 다른 사람의 잘못을 용서하는 것입니다.

예수님의 가르침을 붙잡고 있다는 것은 우리가 원수를 사랑하고 그를 위해 기도한다는 뜻입니다. 나를 사랑하는 사람만 사랑한다면, 우리에게 돌아갈 공로가 어디 있겠습니까? 예수님의 가르침을 붙잡고 있다는 것은 보화와 재물을 이 땅에 쌓지 않고 하늘에 쌓는다는 뜻입니다. 공중의 새와 들판의 야생화를 삶의 모델로 삼고, 내일을 걱정하지 않는다는 뜻입니다.

오로지 삶을 따라 말씀에 붙어살았기에 남게 된 재고자산이 내 마음에는 얼마나 쌓여 있습니까?

시편과
내비게이션

시편은 구약의 대표적인 기도문입니다. 수많은 기도와 찬양이 담긴 "기도와 찬양집"이기도 합니다. 특별히 시편 기도문을 자세히 살펴보면 크게 세 유형으로 나눌 수 있습니다.

첫째, 모든 것이 평온할 때 하나님께 드리는 찬양이 있습니다. 순풍에 돛 단 배처럼 순항합니다. 인간관계도 좋습니다. 건강도 좋습니다. 사업도 잘됩니다. 자녀들도 잘 풀립니다.

둘째 단계가 있습니다. 예기치 못한 일을 갑작스레 만납니다. 모든 것이 혼란스럽고, 캄캄합니다. 죽을 것만 같습니다. 어찌할 바를 모르고 큰 소리로 울부짖는 날이 늘어납니다.

셋째, 다시 정신을 차리며 드리는 찬양입니다. 새로운 힘을 얻고 다시 트랙 위로 올라가 달립니다.

미국의 저명한 구약학자인 월터 부르그만은 이 세 단계를 오리엔테이션, 디스오리엔테이션, 리오리엔테이션이라고 불렀습니다.

오리엔테이션

내비게이션 작동 시 제일 먼저 목적지를 설정합니다. 일종의 방향 설정 혹은 경로 설정입니다. 이것을 영어로 오리엔테이션orientation이라고 부릅니다. 대학에 입학한 새내기들을 위해 오리엔테이션이 있습니다. 4년 동안의 대학생활을 어떻게 해야 할지 '방향 설정'을 해주는 것입니다. 일단 방향 설정을 하면 모든 것이 순조롭게 운행됩니다. 비행기 조종사가 자동항법장치에 따라 일정한 고도와 속도를 설정해놓고 비행하는 것과 같습니다. 이때의 기도는 대부분 찬양과 감사입니다. 푸른 하늘을 보면서 마음 깊은 곳에서 용솟음치는 기쁨이 흘러나옵니다.

디스오리엔테이션

그런데 운전을 하며 한눈팔다가 길을 놓쳐 잘못 들어서는 경우가 있습니다. 경로를 이탈하면서부터 방향 감각을 상실하고 정신이 혼미하여 갈피를 잡지 못합니다. 이것을 디스오리엔테이션disorientation이라 합니다. 방향감각 상실입니다. 항해 은유로 말하자면 폭풍과 풍랑으로 항로를 이탈하게 된 것이지요. 혼미하고 혼란스럽고 혼돈한 상태로 멘붕이 옵니다. 고공비행하던 비행기가 갑자기 난기류를 만나 심하게 흔들리고 풍전등화 상태가 됩니다.

그러나 놀라운 사실은 이런 단계에서 기도가 비로소 제대로 된 '동력'을 얻게 된다는 것입니다. 탄식하고 애걸하고 소리치고 눈물 흘립니다. 눈물이 영혼의 양식이 되는 때입니다. 여리고의 걸인 바디매오처럼 "다윗의 자손 예수여, 나를 불쌍히 여겨주소서!"라고 울부짖는 시간입니다. 어쨌든 경로에서 벗어날 때, 그래서 모든 것이 혼란스럽고 혼미하여 어찌할 바를 모를 때, 비로소 기도의 샘이 터집니다. 시편의 탄식 시는 대부분 이런 시기에 탄생합니다.

리오리엔테이션

길에서 벗어나 헤맬 때 내비게이션이 묻습니다. "경로를 재설정하시겠습니까?" "길을 다시 찾으시겠습니까?" 그리고 방향을 재설정합니다. 이것을 리오리엔테이션reorientation이라 합니다. 방향 재설정 혹은 방향 전환, 궤도 재진입입니다. 고마움과 감사로 눈물을 흘리며 다시 순항하기 시작합니다.

이처럼 우리의 삶도 크게는 이 세 가지 항로를 모두 통과
합니다. 나는 지금 어느 상태에 있습니까? 아마 많은 분이 두
번째 유형 속에 있을지 모릅니다. 그러나 절망하지 마십시오.
그때야말로 하나님께 가장 가까이 나아갈 기회입니다. 신앙은
혼돈과 의심과 혼미 속에서 비로소 진주를 잉태하기 때문입니
다. 신앙은 절망 속에서 피어나는 크로커스crocus●입니다.

● 크로커스는 봄의 도래를 알리는 보라색 전령입니다. 네덜란드에 살 때, 이른 봄
이 되면 여기저기에 피어나는 꽃이 크로커스였습니다.

그렇지 않을 수도
있는데

미국의 여류 시인 제인 케니언Jane Kenyon이 있습니다. 그녀를 알게 된 것은 존 팀머만 교수의 저서를 통해였습니다. 팀머만은 미국 미시간주에 있는 캘빈대학교의 영문과 교수였고 존 스타인벡John Steinbeck 연구 전문가로 유명합니다. 당시 나는 같은 학교에서 신학을 공부하고 있었습니다. 교정에서 가끔 얼굴을 마주치기도 했고 그의 강의에 관심도 있었기에 그의 학문적 관심사에도 귀를 기울였습니다.

그런 팀머만 교수가 쓴 책 가운데 하나가 《제인 케니언》 *Jane Kenyon: A Literary Life*입니다. 제인은 미시간 대학에서 19살 연상의 교수이며 시인인 도널드 홀과 결혼했는데, 남편은 미국

문단에서 계관시인으로 칭송받고 있었습니다. 제인은 결혼 후 많은 시를 썼습니다. 주로 정겨운 시골 풍경과 일상적 삶의 이야기가 담겨 있었습니다.

한편 그녀는 평생 조울병으로 고통받았고 생애 말년에는 백혈병과 싸워야만 했습니다. 슬프게도 47세가 되던 1996년에 그녀는 백혈병으로 세상을 떠났습니다. 제인이 남긴 몇몇 시들은 병과 싸우는 과정을 형상화하기도 했습니다. 예를 들어, 〈Having it Out with Melancholy〉, 〈The Sick Wife〉 등입니다.

제인 케니언이 쓴 수많은 주옥같은 시 가운데 소박하지만 감동적인 시 한 편을 소개합니다. 너무나 평범해서 우리가 당연시하는 일상이 결코 당연한 것도 평범한 것도 아님을 일깨우는 시입니다. 오늘도 이렇게 하루를 살아간다는 것이 얼마나 복된 선물인지를 알려주는 시입니다.

그녀의 시를 직접 다음과 같이 옮겨보았습니다.

"그렇지 않을 수도"

잠자리에서 일어났습니다
튼튼한 두 다리로…
그렇지 않을 수도 있는데.

고소한 우유에 시리얼을 타서

잘 익고 흠 없는 복숭아와 함께 먹었지요
그렇지 않을 수도 있는데.

애완견을 끌고 자작나무 숲 언덕까지
산보를 했어요
그러고는 오전 내내
내가 좋아하는 일을 했어요
점심에는 내 짝과 함께 소파에 기대었어요
그렇지 않을 수도 있는데.

우린 함께 저녁을 먹었어요
은촛대에 불을 켠 멋진 식탁에서
그렇지 않을 수도 있는데.

하루를 마치려고 잠자리에 누웠습니다
그림들이 걸려 있는 방에서 말입니다
그러고는 오늘 같은 행복한
또 다른 날을 꿈꾸었죠.

그러나 나는 압니다.
그렇지 않을 수도 있다는 것을.

하나님과
협상하기

그런즉 너희가 어떻게 행할지를 자세히 주의하여 지혜 없
는 자같이 하지 말고 오직 지혜 있는 자같이 하여 세월을
아끼라 때가 악하니라 엡 5:15-16.

"하나님의 시간을 구매하십시오." 바울이 에베소 교인들
에게 했던 말 가운데 한 구절입니다. 옛날 번역으로 하자면 "세
월을 구속救贖하라"Redeeming the time는 것입니다. 한자어 '구
속'救贖이란 돈을 주고 사온다는 신학 용어입니다. 여기서 어떤
그림이 떠오르지 않습니까? 하나님의 모습이 시간(세월)이라
는 물건을 판매하는 상인으로 그려집니까? 아주 품질 좋은 시

간과 세월이라는 특상품을 파시는 상인 하나님 말입니다. 팔지 못한 물건을 다시 집으로 가져오면서 기뻐하는 상인은 없지요. 하나님도 마찬가지입니다. 그래서 그분도 시간과 세월을 시장에 내어놓고 사람들에게 사가라고 외치십니다.

시간(세월)을 사라는 것은 동시에 물건을 놓고 흥정하라는 소리이기도 합니다. 시간을 파는 상인 하나님께 흥정하라는 것입니다. 시간과 세월은 하나님의 것입니다. 하나님이 만드신 피조물이기 때문입니다. 시간과 세월은 우리 것이 아니라 하나님 것이기 때문에 시간을 사용하려면 그분에게서 구입해야 합니다.

하나님을 믿는다는 것은 종종 그분과 흥정하는 일이기도 합니다. 미래에 대해, 즉 우리가 흘리는 눈물과 희망과 근심걱정, 의심에 대해 하나님과 흥정하고 협상하는 것입니다. 밀고 당기고, 왜 비싸냐고 따지기도 하고, 충분한 돈이 없다고 투정 부리기도 합니다. 내 인생은 왜 이렇게 비참하냐고 소리 지르기도 하고, 당신이 팔고 있는 인생 세월은 가짜일지도 모른다고 다그치기도 합니다. 이처럼 하나님을 믿는 일은 우리의 삶, 우리의 인생과 함께 무르익어갑니다.

신앙은 아무것이나 손에 닿는 대로 덮어놓고 사는 것이 아닙니다. 우리 신앙은 하나님과의 성숙한 관계를 이루어가는 과정입니다. 비록 우리가 어린아이처럼 인생길을 걸어가면서 철없이 짜증 부리고 이것저것 달라고 졸라대더라도 세월이 흐르면서 관계가 점점 성숙해가는 것이 신앙의 모습입니다.

하나님은 우리를 처음부터 어른으로 만들지 않으셨습니다. 응석도 부리고, 배고프다고 짜증도 부리고, 더우면 덥다고 추우면 춥다고 까칠하게 말대꾸하기도 하고, 때론 깊은 의심에 빠지기도 하고, 다른 것에 눈 돌릴 만큼 사춘기를 지나기도 합니다.

이런 과정에서 우리는 하나님과 흥정하거나 협상합니다. 지금 직면하는 문제가 무엇인지, 고통과 괴로움이 어디에 있는지를 하나님께 보고합니다. 이 과정에서 우리는 자신이 성숙해질 여지가 어디 있는지 고민합니다.

모슬렘은 툭하면 "인샬라"Inshalla라고 합니다. "하나님이 원하신다"God willing!라는 뜻입니다. 그러나 유대인과 구약 족장들은 그런 말을 쓰지 않았습니다. 그들은 자기 삶에 대해, 시간과 세월에 대해, 지속적으로 하나님과 논쟁하고 협상하고 흥정하였습니다. 노래를 통해, 시를 통해, 기도를 통해 하나님과 협상했고, 그들의 머리와 가슴은 서로에게 큰소리로 논쟁하기도 하였습니다. 때론 하나님과 사람 사이의 협상 소리가 크게 들리기도 하였습니다.

살다 보면 때론 억울함에 서러워 천상의 법정에 기소해야 할 때도 있습니다. 그러므로 무엇이든 소리쳐 부르짖어 보십시오. 때론 침묵하고 잠잠하게 신뢰와 의지를 다시 배워야 하기도 합니다. 하나님과 자신을 대하는 법을 말입니다.

하나님께서는 우리를 위해 여기 계십니다. 시간이라는 망

태기를 들고 우리를 잡아먹기 위해 입을 벌린 악마가 아니라, 시간(세월)이라는 최고급 상품을 들고 우리에게 미소를 지으면서 이 시간을 사라고 흥정을 붙이는 상인으로 서 계십니다. 삶에 대해, 시간에 대해, 세월에 대해 우리 자신과 협상하는 법을 가르치십니다. 하나님은 우리가 시간 속에서 삶의 공간을 찾길 바라시며, 인생 항해에서 안정감을 주는 평형수平衡水가 있기를 원하십니다.

50년 만에 피는
야생화

그러니까 지금부터 50년 전이었다. 당시 나는 서울 신대방동의 성남중학교 2학년생이었다. 축구를 좋아했던 나는 오후 수업 후에 운동장에서 축구를 마치고 잠시 쉬느라 운동장 사열대 계단에 서서 먼 곳을 보고 있었다.

이름이 기억나지 않는 어느 친구가 뒤에서 팔뚝으로 내 목을 감아 세게 졸랐다. 장난이었지만 목이 졸려 숨이 막힌 나는 순간적으로 정신을 잃었고 상당히 높은 계단에서 나무 쓰러지듯 앞쪽 아래로 쿵하고 넘어졌다. 눈을 떠보니 학교 양호실에 누워 있었다. 앞 이는 부러졌고 턱은 심하게 찢어졌으며(그 상처는 지금도 남아 있다!) 교복은 온통 피범벅이었다. 책가방은 어디 있는지 보이지 않았다. 겁이 났다. 이런 모습으로 어떻게 집에 간단 말인가? 집으로 가는 길은 아득했다.

학교가 있던 신대방동에서 경기도 과천의 집까지, 중학교 2학년생이 매일 통학하기에는 아득한 거리였다. 당시 서울에는 전차가 다녔는데 표 한 장에 5원이었다. 그날 나는 학교에서 30분 넘게 걸려 신대방역까지 걸어가 전차를 타고 노량진을 지나 한강대교를 건너 용산 시외버스 터미널에 도착했다. 터미널에는 과천 가는 시외버스가 1시간 반마다 한 대씩 있었다. 터미널에 도착해서 보니 방금 전에 버스가 떠난 상황이었다.

터미널에서 다음 차를 기다리던 1시간 반은 마치 영원처럼 길게 느껴졌다. "집에 가서 뭐라고 변명하지?" 모범생이었던 나에게 쏟아질 추궁과 수치감 등은 여린 중학생이 감당하기 벅찬 수준이었다. 어쨌든 가까스로 시간에 맞춰 버스를 타고 한강 다리를 건너 흑석동으로, 다시 동작동 국립묘지를 지나 사당동으로, 남성동을 지나 관악산 남태령을 넘어 과천읍까지 가야 했다. 피투성이가 된 교복을 입은 채로 비포장도로에 덜컥거리는 시외버스에 몸을 싣고 저녁 늦게 동네 정거장에 도착했다. 학교에서 집까지 거의 세 시간이 걸렸다. 보통 시간보다 상당히 늦은 아들을 정거장에서 하염없이 기다리던 어머니는 내 모습을 보시고 거의 까무러치셨다. 그렇게 흉한 몰골로 집에 들어온 것은 평생 그때가 처음이자 마지막이었다.

몸을 추스를 수 없었던 내가 그 먼 거리를 혼자 갈 수는 없었다. 사고를 당하는 것을 목격했던 친구가 있었다. 정신 잃은 나를 엎고 양호실로 가고, 흐트러진 책가방을 챙기고, 나를 부축해서 전차를 타고 다시 시외버스를 타고 그렇게 아득한 시골까지 함께 가주었던 친구가 있었다.

친구의 이름은 기의호. 중고등학교 6년을 같이 다녔던 친구다. 중학교 2학년생의 눈물겨운 희생정신과 의리였다. 지금 생각해도 정말 상상하기 어려운 일이다. 당시 내가 살던 과천은 전기도 들어오지 않았던 깡촌이었다. 그곳까지 나를 데리고 간 것이다. 우리 엄마에게 자초지종을 이야기해주고 내가 야단맞지 않게 해주었다. 그곳에서 하룻밤을 같이 자고 우리는 그다음 날 이른 새벽 시외버스 첫차를 타고 다시 서울 학교로 등교했다.

영하 15도에 칼바람 부는 추운 어느 날 오후, 50년 만에 그 친구를 찾아 만났다. 경기도 과천에서 김포로 말이다. 찾아간 곳은 전형적인 시골이었다. 두꺼운 잠바에 벙거지 모자를 뒤집어쓴 노인이 저만치 얕은 산자락에서 불을 지피고 있었다. 눈 덮인 낙엽에 지핀 검불에서 연기가 무심하게 피어오른다.

"혹시 의호 아닌가?"

"누구시죠?"

친구는 멀찌감치 떨어져서 내가 누군지 알아볼 수 없었다. 하기야 고등학교 졸업 후 45년 만에 만나니 어떻게 알랴. 가까이 가자마자 한참 만에 나를 알아본 우리는 서로 얼싸안고 잠시 말을 잃었다. 서로 얼굴을 양손으로 비벼댔다. 목구멍에서 뭔가 솟구쳐 오르는 것을 느꼈다. 애송이 중학생들이 60대 중반의 지공선사(地空禪師, 지하철을 공짜로 타고 참선을 하는 도사라는 의미로 65세 이상 노인을 말한다)들이 되었으니 말이다. 친구와의 극적 만남은 한겨울 칼바람을 녹이기에 충분했다.

"지금 뭐하니?"

"응, 목사야. 학교에서 가르치는 일도 하지. 너는?"

"응, 나는 말이야…."

이렇게 우리는 지난 50년의 이야기 실타래를 풀어갔다. 물론 중학교 2학년 때 그 사건의 전모부터 말이다. 흙과 함께 사는 증표인지 친구의 손은 매우 묵직하고 투박하나 믿음직스러웠다. 중고등학교 6년 동안 말수는 적었지만 언제나 믿음직했던 친구. "의리", "신의", "헌신", "충성"을 떠올리게 했던 친구. 교훈이었던 "의에 살고 의에 죽자"를 생각나게 한 그였다.

고등학교 졸업 후 부모의 압력에 못 이겨 육군사관학교에 입학하여 군인의 길을 가던 친구. 그렇게 가족을 두고 이리저리 옮겨 다니는 외로운 군인 생활을 하면서 야생화의 강인함과 아름다움에 눈이 뜨기 시작한 친구. 마침내 퇴역하자마자 그는 자기가 하고 싶은 일을 하게 되었단다. 자연주의자가 되었다고나 할까? 땅의 솔직함, 들꽃의 초연함, 자연의 정직성을 몸으로 느끼면서 삶의 큰 그림을 그리게 되었단다. 작은 식물원을 만들고, 야생화를 하나씩 심어 기르고, 그러다 야생화 조원에 관심을 갖게 되었고, 그 모델을 개발하는 일에 여생을 보내고 있다.

오늘 그가 운영하는 〈들꽃 풍경〉을 둘러보았다. 50년 만의

긴 회포를 풀기에 서너 시간은 턱없이 짧았다. 떠나면서 친구가 저술한 《야생화 조경도감 365》를 기념선물로 받았다. 친구는 이런 묵직한 글로 깊은 속내를 담아내었다.

"호준, 반백 년 만에 피는 우리 야생화도 드물 터⋯."
기의호, 2018.1월에.

그치, 친구야, 50년 만에 피는 이런 우리의 우정도 아주 드물 거야!

- 기의호는 경기 김포에서 태어나 성남고등학교와 육군사관학교를 졸업하고 연세대 대학원에서 경영학을 전공했고, 미국 워싱턴 대학교에서 경영학을 공부했다. 오랜 기간 백두대간의 야생화 등을 답사한 경험을 토대로 15년간 야생화 식물원을 조성해 운영해왔고, 야생화 동호회 〈김포 들꽃 풍경〉을 이끌어오면서 답사, 전시, 강연 등으로 야생화 홍보 및 보급 활동을 해오고 있다. 김포를 야생화 조원의 메카로 만들기 위해 김포야생화영농조합(법인)을 설립·운영하고 있다.

걱정 없는 삶의
비밀

소설가 애니 시지윅Anne Douglas Sedgwick은 나이 60대가
되었을 때 친구에게 이런 글을 보냈습니다.

이제 설상가상으로 몸이 너무 야위고 힘들어졌어. 눕지 않
는 이상 숨을 제대로 쉴 수 없어. 앉았다 일어서려고 하면
갈비뼈가 무너지는 것 같아. 그런데 앉아야만 죽 같은 음식
을 삼킬 수 있으니, 정말 고통이야. 이러지도 못하고 저러
지도 못하고…. 산다는 것이 투쟁이고 고통의 연속이야. 그
런데 곰곰이 생각해보면, 삶은 결국 내 삶이고 살아 있다는
것도 아름답지. 삶은 아름다운 것이야. 하나님 손안에 의지

하여 기대고 있다는 생각을 하니 내 속에는 한없는 기쁨이
있어.

그녀는 엄청난 육체적 고통을 겪고 있었습니다. 그러나
걱정과 염려로 고통하는 것은 아니었습니다. 염려와 걱정은
우리 삶을 무조건적으로 하나님께 내어 맡기지 않을 때 생기
기 때문입니다. 예수께서 가르쳐주신 기도처럼, "당신의 뜻이
이루어질 것입니다", "당신의 나라가 도래할 것입니다"라고
진심으로 하나님께 기도하는 사람만이 걱정과 근심에서 자유
로워집니다.

그러나 이렇게 진심으로 기도한다는 것이 말로는 쉽지만
실행하기는 어렵습니다. 일단 하나님께 전적으로 자신을 항복
하면, 그다음 하나님께서 우리를 어떻게 하실지 모르기 때문입
니다. 그가 어떻게 우리를 다루실지 전혀 알 수 없기 때문에 두
려운 것입니다.

전적으로 온전하게 하나님 뜻에 복종하겠다고 하면서도
실제로는 갈팡질팡합니다. 반쪽짜리 마음, 갈라진 헌신 때문
에 갈팡질팡합니다. 마음 한쪽은 "당신의 뜻이 이루어지기를
간절히 소원합니다"라고 기도하지만, 다른 한쪽 마음은 내일
과 모레와 장래를 걱정하고, "나의 뜻이 이루어졌으면 좋겠습
니다"라고 말합니다. 마치 그네를 타듯 뒤로 갔다 앞으로 갔다
합니다. 신뢰와 두려움 사이를, 신뢰와 걱정 사이를 오가는 것
입니다.

걱정 없는 삶의 비밀

그렇다면 걱정 없는 삶의 비밀은 무엇일까? 열쇠는 분명합니다. 하나님의 높으신 목적에 자신을 내어 드리는 것입니다. 하나님의 고상한 목적 안에 자신을 내려놓은 것입니다. 즉 하나님 나라와 하나님 의義를 추구하고 찾는 일입니다. 일단 이렇게 하면, 다시 말해 하나님 나라를 내 삶의 우선순위 제1번에 놓으면, 필요한 모든 것이 덧붙여진다는 사실을 발견하고 놀랄 것입니다.

"죽고 사는 문제가 아니면 신경을 쓰지 말라"는 말이 있습니다. C. S. 루이스는 이것을 가리켜 "무관심의 원리", "무신경의 원리"the principle of inattention라고 했습니다. 어떤 일은 오히려 신경을 쓰지 않을 때 부수적으로 따라오게 된다는 것입니다. 이와는 반대로 어떤 것을 얻으려고 온통 신경을 다 쏟다 보면 오히려 그것들이 오다가도 떠난다는 것입니다.

예를 들면 이렇습니다. 창조적이 되려고 무던히 애를 써 보십시오. 그런 사람치고 창조적인 사람은 많지 않습니다. 그러나 창조적이 되겠다는 생각을 잊고 그저 최선을 다하다 보면 어느 날 자신의 창조성을 발견하고 놀라게 됩니다. 이것이 '무신경의 원리'가 작동하는 방식입니다.

한번 행복해지려고 애써 보십시오. "행복해져야지" 하고 행복에 집중하면 할수록, 내가 얼마나 비참한가 하는 사실을 발견할 뿐입니다. 행복을 생각하면 할수록 비참한 것이 떠오룹니다. 반대로, 누군가를 사랑해보십시오. 아내든지 자녀든지 누구든지 사랑해보십시오. 그러면 행복은 어느새 조용히 찾아와 우리를 놀라게 합니다.

어떤 가치 있는 일을 하면서 그 일에 온통 집중하다 보면 놀랍게도 뿌듯함과 기쁨을 경험합니다. '예기치 않은 기쁨'이 찾아옵니다. 추구하지도 않았던 기쁨이 하나님의 선물처럼, 은혜의 선물처럼 우리에게 옵니다.

하찮은 것을 추구하는 시대

미국에서 가족 게임 중에 〈하찮은 것을 찾아서〉Trivial Pursuit 라는 게 있습니다. 일종의 질문 게임입니다. 우리말로 하자면 '시시콜콜 게임' 정도입니다. 카드를 한 장을 집어 들면 그 안에 질문이 있습니다. 정답을 대면 그 상으로 또 다른 질문을 풀 자격이 주어집니다. 죽지 않고 계속해 답을 맞히면 판을 한 바퀴 돌아 이기는 게임입니다. 그런데 질문은 하나같이 대수롭지 않고 정말 시시콜콜합니다. 지리나 역사, 연예계 관련, 예술 문학, 과학, 자연, 스포츠 등에 관한 하찮은 질문이 주를 이룹니다. 우리 식으로 예를 들면 이렇습니다.

- 한국 프로야구 원년 우승팀은? (OB 베어스, 1982년)
- 여자배우 김지미와 결혼했던 남자 가수 이름은? (나훈아)

- 세계에서 가장 높은 빌딩은? (아랍에미리트의 버즈 두바이)
- 꽃 이름 중 목단을 다른 말로는? (모란)
- 히틀러가 좋아했던 음료수는? (코카콜라)
- 세상에서 불가능한 일 5가지 중 하나라도 대보기
  (하늘의 별 따기 / 스님 머리에 삔 꽂기 / 60대 남편 사랑하기
  등등)

이런 게임은 우리 시대의 현재 모습을 보여주는 일종의 사인sign입니다. 가볍고 사소하고 하찮은 것을 추구하는 시대라는 말입니다. 먹을 것, 마실 것, 입을 것을 과도하게 추구하는 흐름 역시 마찬가지입니다. 예수께서 지목하여 말씀하시는 사람, 즉 무엇을 먹을까 무엇을 마실까 무엇을 입을까 염려하고 걱정하는 사람은 마치 '시시콜콜 게임'을 하는 사람들처럼 사소하고, 하찮은 것, 궁극적으로 허무한 것, 의미 없는 것을 추구하는 사람들이라는 것입니다.

혹시 〈콰이강의 다리〉라는 영화를 아시나요? 실제로 콰이강의 다리는 태국과 미얀마를 연결하는 다리로, 2차 세계대전 당시 일본군이 연합군 포로 1만 6천여 명과 아시아인 강제 노동자 4만 9천여 명을 투입해 건설한 철교鐵橋입니다. 열악한 환경과 고된 노동, 영양실조, 구타 등으로 엄청난 수의 사망자가 발생해 '죽음의 다리'라고도 불립니다. 이 영화에서 알렉 기네스Alec Guinness는 일본의 전쟁포로로 잡힌 영국군 장교로 출연

합니다. 함께 잡힌 부하 사병들의 사기를 북돋기 위해 그는 철교 놓는 일을 계획하고 실행에 옮깁니다. 적국 일본을 위해 철도 다리를 건설하는 일을 계획했던 이유는 미래가 없는 포로로 잡힌 부하들에게 '목적의식'을 줄 수 있다고 생각했기 때문이었습니다. 실제로, 영국 군인들은 다리 놓는 공사를 통해 목적의식을 갖게 되고 연대감과 사기도 유지합니다. 그들은 매우 튼튼한 철교를 짓습니다.

그러나 영국과 미국을 중심으로 한 연합군은 그 다리를 폭파하는 특수부대를 투입합니다. 영국인 장교는 자기와 부하들이 그토록 애써서 만든 다리를 연합군 특수부대가 파괴하려고 하자 분노했습니다. 영화에서 마침내 긴박하고 냉정한 순간이 찾아옵니다. 지금까지 자신이 해온 일이 무엇이었는지를 장교가 마침내 제대로 인식하게 되는 장면입니다. 그때 그가 이렇게 외칩니다. "맙소사, 오 하나님, 도대체 내가 무슨 짓을 했단 말입니까?"

그는 하찮은 것을 추구하느라 너무 바빴던 것입니다. 그러다 보니 중요한 것을 놓치게 되었습니다. 중요한 것, 가치 있는 것에 눈이 멀어버렸습니다. 그는 '적군을 위해' 열심히 다리를 놓았던 것입니다!

놀랍게도 사람들은 항상 이런 일을 합니다. 우리는 사소한 것을 추구하느라 너무 바쁩니다. 그러다 보니 삶에서 의미 있는 것, 가치 있는 것에 눈이 멀게 됩니다. 결국, 원수와 적군을 위해 일하는 꼴이 되어 버립니다. 아아, 슬프고 원통합니다.

영국인 작가 크리스토퍼 말로Christopher Marlowe, 1564~1593
의 대표적인 희곡으로 〈파우스투스 박사의 비극적 이야기〉Dr.
Faustus가 있습니다. 파우스투스는 신학박사로 연구와 학문 성
취에 몰입하지만 만족스럽지 못해 늘 걱정하고 근심합니다. 마
침내 마법을 구하여 사탄과 협상하고 계약을 맺습니다. 계약
내용은 이렇습니다. 파우스투스는 25년간 거의 절대적인 권력
을 허락받습니다. 무엇이든지 자기 마음대로 할 수 있는 힘을
갖게 되지만, 끝에 가서는 자기 영혼을 사탄에게 내어주어야
하는 조건이었습니다. 모든 권력을 다 받아 쥔 파우스투스가
한 일이 무엇이었을까요?

- 세계 각지를 여행합니다.
- 제철이 아닌데도 포도를 만들어 먹습니다.
- 당시 최상의 권력을 누리던 교황을 마음대로 갖고 놉니다.
- 트로이의 절세미녀 헬렌과 잠자리에 듭니다.

그는 이처럼 자기가 하고 싶은 일을 모두 합니다. 그러나
끝에 가서 자기 영혼을 사탄에게 내어주게 됩니다. 계약 기간
이 도래해 죽음이 가까워졌을 때 비로소 자기 실패를 깨닫고,
사탄의 손안에 있는 목숨을 비통하게 부르짖으며 자취를 감춥
니다. 자기 영혼을 사소하고 하찮은 것과 바꾼 결과입니다. 이
것이 요한 파우스투스가 권력과 힘을 갖고 한 것입니다. 그는
'하찮은 것을 추구하는' 게임을 했습니다.

파우스투스를 생각할 때마다 떠오르는 성경 인물이 있습니다. 아브라함의 조카 롯입니다. 롯의 목자들과 아브라함의 목자들 간에는 다툼과 갈등이 많았습니다. 그래서 두 사람은 마침내 갈라서기로 결심합니다. 아브라함이 롯에게 말합니다. "네가 왼쪽을 선택하면 나는 오른쪽으로 가겠다. 네가 우하면 나는 좌하겠다." 성경 화자話者는 그다음 이야기를 이렇게 씁니다. "롯이 둘러보니 요단강 초원은 사방에 물이 풍부하여 마치 여호와의 정원과 같았다. … 그래서 롯은 자신을 위해 요단강 평원 지대를 선택하였다"창 13:9 이하.

아브라함도 요단강 평야 지대가 여호와의 정원과 같다는 것을 알았습니다. 하지만 그는 조카에게 선택권을 주었습니다. 물론 그런 결정이 쉽지는 않았을 것입니다. 그러나 이것이 먼저 하나님 나라를 추구하는 사람들이 행동하는 방식입니다. 롯에게 먼저 선택하라고 함으로써, 아브라함은 큰소리로 이렇게 외치는 것입니다.

- 요단강 평야 지대에 사느니 네게브 사막에서 목자로 있겠다.
- 하나님께서 나에게 주시겠다고 약속하신 땅 전체를 바라보고 하나님을 기다릴 것이고, 당장을 위해 그 땅의 제일 좋은 일부만을 움켜잡지는 않겠다.
- 요단 평야 계곡과 같은 하찮은 것을 추구하기보다는 하나님 나라(인도, 통치)를 구하겠다.

마태복음 6장 예수님의 말씀 안에는 쓰디쓴 유머가 들어 있습니다. 예를 들어, 겸손해지려고 노력한다고 해서 겸손해질 수는 없습니다. 겸손은 '성취'하는 게 아니기 때문입니다. 심지어 겸손을 꿈꾸고 명상하는 일이 자만과 교만으로 가는 지름길이 되기도 합니다. 진짜 겸손한 사람들은 절대로 겸손에 대해 '생각하지' 않습니다. 그들은 더 중요한 것을 생각하느라 정신없이 바쁘기 때문입니다.

우리가 따라가서 얻으려 해도 얻을 수 없는 것들이 있습니다. 잡으려고 노력하면 할수록 점점 멀어집니다. 먹을 것이나 마실 것, 입을 것은 잡으려고 찾아나서야 할 것이 아닙니다. 그럴수록 더 많은 근심과 걱정이 따라옵니다.

하나님 나라를 추구하라

추구해야 할 것이 있다면 하나님 나라와 하나님의 의義입니다. 근심 걱정 없는 삶, 하늘의 새처럼 거침없이 창공을 비상하면서 살기를 원한다면, 단 한 가지 길이 있습니다.

- 하나님 나라, 하나님의 인도, 하나님의 다스림을 추구하는 것입니다.
- 예수 그리스도를 믿는 것입니다. 하나님 나라에서 예수 그리스도가 머리이시고, 유일한 왕이시고, 그 안에서 그

를 통해 우리는 모든 것을 갖게 되기 때문입니다.

- 우리의 주인이신 그분의 다스림을 우리 삶 속에 이루는 것입니다.

이것보다 더 하나님의 마음에 가까운 것은 없습니다. 이보다 더 하나님의 생각에 밀접한 것은 없습니다. 악마의 가장 효과적인 유혹이 무엇입니까? 그 어느 것보다 우리 힘을 빼어놓은 유혹이 있다면 무엇이겠습니까?

- 삶의 진짜 목표를 보지 못하게 눈을 가리는 능력입니다.
- 하찮고 시시한 것들을 뒤쫓게 하는 능력입니다.

이런 유혹에 빠져들지 마십시오. 우리 삶을 낭비하지 마십시다. 먼저 하나님 나라를 추구하십시오. 하나님의 다스림에 우리 삶을 내어 맡깁시다. 그러면 우리가 그렇게 걱정하고 염려하는 모든 일이 우리에게 주어질 것이라는 사실을 발견하게 될 것입니다. 그리고 놀라게 됩니다. "아니, 어떻게 그것이 우리에게 주어졌지!" 하고 감탄할 테니까요. 이것이 '예기치 않은 기쁨'입니다. 이것이 선물로 주어지는 즐거움입니다. 이런 경험들이 우리 삶에 선물로 주어지기를 바랍니다.

이제 막다른 골목에 들어선 상황이었다.

어디에서도 도움의 손길은 보이지 않았다.

눈을 들어 산을 보아도, 주위를 둘러보아도

어디에서도 도움이 올 만한 곳은 없었다.

하늘을 보아도 먹구름만 잔뜩 할 뿐 아무도 없었다.

몇 년 전 친구의 말이 새록새록 분명한 어조로 들려오기 시작했다.

"내가 널 지원해줄 테니, 필요하면 언제라도 연락해!"

귀에 생생하게 들려오는 것 같았다.

나는 그 말에 인생을 걸기로 작정하고

얼빠진 사람처럼 편지를 써 내려갔다.

내 인생에서 가장 추하고 지저분하고 수치스럽고

창피하고 부끄러운 편지를 쓰고 있었던 것이다.

제 4 장

김훈과

육필원고

연필로 쓰는
이야기

　　지금이야 컴퓨터 앞에서 자판을 두드리며 글을 쓰지만 1980년대 미국 유학 시절에도 연필은 필수였습니다. 당시에는 컴퓨터가 없었기에 학교에 제출하는 페이퍼는 전동타자기로 쳤습니다. 그러나 타자기로 치기 전 원고는 언제나 연필로 작성했습니다. 연필로 작성한 원고를 아내에게 주면, 아내가 전동타자기로 타이핑했습니다.

　　당시 한국에서는 공병우식 한글 수동타자기가 있었지만 미국에 가자마자 본 타자기는 전동식 타자기였고, 엔터키만 누르면 묵직한 활자 막대기가 자동으로 움직이는 광경이 환상적이었습니다. 그 후 1980년대 중반부터 개인 컴퓨터PC를 사용하고, PC도 무한 발전을 거듭했습니다. 286, 386, 486, 펜티엄…. 그 후 모델들은 따라잡지 못했습니다. 이렇게 하여 연필은 고대 유물(?)로 잊혀졌습니다.

책상 주위를 살펴봐도 연필은 보이지 않습니다. 저 역시 1985년 이후로 지금까지 글을 쓰기 위해 연필을 사용해본 적이 없네요. 논문이든, 설교든, 편지든, 책이든 언제나 컴퓨터 앞에 앉아 자판을 두드립니다. 그 오랜 세월 자판을 두드렸지만, 처음부터 제대로 타이핑하는 법을 배우지 못했기에 독수리 타법으로 기를 쓰면서 칩니다. 오랜 시간 타자를 하다 보면 어깨죽지가 쑤시고 손가락 마디 끝이 아픕니다. 뭐든지 제대로 배워야 한다는 사실을 인정하는 수밖에 없습니다.

잊고 있었던 연필을 새롭게 이해하게 된 것은 얼마 전 소설가 김훈 선생의 강연을 듣고 나서였습니다. 연필과 연필깎이와 지우개. 자신의 작품을 쓰기 위한 유일한 세 가지 도구라고 소개한 것들입니다. 컴퓨터가 아니라 연필로 글을 쓴다는 말에 정신이 번쩍 들었습니다. 그리고 나름대로 '육필원고'라는 말의 뜻을 되새김해보았습니다. 몸으로 쓰는 원고, 한 자 한 자 꾹꾹 눌러쓰는 글, 혼신의 힘을 다해 쓰는 작품, 심혈을 기울여 써내려가는 이야기 정도로 바꿔 말할 수 있겠지요?

컴퓨터로 글을 쓰면 참 편합니다. 자판 위 몇 가지 기능을 익히면 글을 쉽게 고치고, 지우고, 옮겨 싣고, 퍼오고, 퍼가고, 보내고, 가져오고, 저장하고, 앞뒤로 바꾸고, 끄집어내고, 덮어 씁니다. 활자를 키우기도 하고 줄이기도 하고 다양한 글씨체로 멋을 낼 수도 있습니다. 심지어 색상도 입힐 수 있습니다. 행간도 행렬도 일괄적으로 맞추거나 고칠 수 있습니다.

연필로는 그럴 수가 없습니다. 구도자의 심정이 아니면 연필로 글을 쓸 수 없습니다. 연필로 글을 쓰면 언제나 느립니다. 힘이 듭니다. 천천히 가야 합니다. 온몸으로 써야 할 겁니다. 잠시 허공을 바라보며 생각들을 질서 있게 줄 세웁니다. 하나씩 불러내 손끝에서 공책空冊으로 옮겨 가게 합니다. 깊은 생각들, 사람 이름, 온갖 이야기, 인간사 등이 공책을 가득 메웁니다. 글이 살아서 움직입니다.

아주 어렸을 적, 아마 서너 살 무렵, 어느 비 오는 날 저녁 아버지는 일터에서 돌아오시면서 연필 한 다스와 공책을 사오셨습니다. 내 등 뒤로 오신 아버지는 어린 아들을 품으시면서 조막만 한 내 손을 움켜잡으셨습니다. 공책에 함께 글자를 쓰기 시작한 것입니다. 글을 쓴다는 것이 얼마나 신기하고 놀라운 경험이었는지! 그 후로 연필을 잡을 때마다 그 어린 시절이 떠올랐습니다. 내 등과 아버지의 가슴 사이에서 느껴지는 이상야릇한 포근함과 따스함, 삐뚤빼뚤 거리는 내 연필 놀림을 꼭 움켜잡고 함께 네모반듯한 도형 안에 기역 니은 디귿을 꾹꾹 눌러 집어넣는 기막힌 기술, 빼곡히 들어찬 공책 글자를 보며 안도감과 성취감에 기뻐했던 일들이 새록새록 떠오릅니다.

내가 어렸을 때는 보통 HB 연필을 사용했습니다. HB는 '하드 블랙'Hard Black의 약어로 심이 단단하고 까만 연필입니다.

오늘 내가 보는 연필 브랜드는 아주 유명한 블랙윙602Blackwing 602입니다. 1934년에 미국에서 시작된 이 전설의 연필은 당시 한 자루에 50센트였는데, 지금은 한 다스에 20달러에 팝니다.

앞으로 글을 쓸 때도 연필을 사용하지는 않겠지요. 어차피 자판을 두드려야 하기 때문입니다. 그러나 연필은 자판기 옆에 놓을 작정입니다. 어린 시절 처음 글자를 배우고 쓸 때를 기억하며, 글을 쓸 때는 연필로 한 자 한 자 꾹꾹 눌러 써야 한다는 것을 기억하며, 정성을 들여 육필원고를 쓰듯 글을 써야 한다는 가르침의 상징으로 옆에 두렵니다. 자판으로 글을 쓰다가 지워야 할 때는 '삭제'delete 자판을 사용하기 전에 먼저 모니터 위로 "후~" 하고 바람을 불어 지우개 찌꺼기를 털어버리는 예식을 하겠다고 다짐해봅니다.

추신.

성경에 '연필'鉛筆에 관한 문구가 있을까 궁금하시죠? 히브리어 원문 비평과 해석 문제는 차치하더라도 '연필'에 관한 언급은 있습니다. 고난 겪는 욥은 자신이 처한 혹독한 처지와 답답한 심경을 이렇게 표현한 적이 있습니다. "나의 말이 곧 기록되었으면, 책에 씌어졌으면, 철필과 '납'[연필]으로 영원히 돌에 새겨졌으면 좋겠노라"욥 19:23-24. 철필로 쓰는 글, 연필(납)로 쓰는 글, 이게 온몸으로 쓰는 글입니다.

김훈과
육필원고

소설가 김훈 선생이 "나의 삶과 글쓰기"란 주제로 백석예대에서 특강을 했다. 그 시간대에 나의 구약 강의 수강생 전원을 선생의 특강에 참석시켰다.

김훈 선생은 자신이 1948년생이라고 밝히면서 가난과 배고픔의 시대를 살아온 이야기로 강연 서두를 꺼냈다. 나와 동시대를 살아온 이야기이기에 공감대가 컸다. 6.25를 지나면서 군가, 교가, 뽕짝 같은 규격화된 노래만 듣다가 1960년대 비틀즈를 들었을 때 김훈은 황홀한 신세계를 경험했다고 한다. 일종의 '세계관의 전복'이었다고 고백한다. 한국에선 신중현과 그의 록 뮤직이야말로 전통적이고 고답적인 뽕짝 세계관을 깨

부수고 새로운 세상에 대한 시야를 열어준 망치였다.

70세가 넘은 지금까지 김훈은 그 흔한 자동차 면허증도 없단다. 그 말을 듣는데 깜짝 놀랐다. 글쟁이 김훈은 지금도 컴퓨터를 쓰지 않고 세 가지 문방 용품으로 만족스러워한다. 연필, 지우개, 연필깎이.

볼펜이나 만년필은 지울 수 없어서 연필이어야 한단다. 연필에 힘을 주어 꾹 눌러 쓰다 보면 종종 연필심이 부러진다. 연필깎이가 반드시 있어야 하는 이유다.

누군가 그의 집필 분량에 대해 말하는 소릴 들었다. 깜짝 놀랐다. 하루 5장을 쓴다고. A4 용지에 다섯 페이지? 나도 원고 쓸 일이 많은 사람이지만 하루에 5장을 쓰는 것은 힘에 겨운 일이다. 그런데 자세히 들어보니 그게 아니다. 200자 원고지 5장!

원고지에 연필로 글을 써내려간다는 의미가 무엇일까? 그것도 겨우 5매 정도를! 서예가나 미술가처럼, 아니면 라흐마니노프의 피아노곡을 연주하기 위해 피아노 앞에 앉은 연주자처럼, 아니면 도를 닦는 사람처럼, 글을 쓰는 그는 책상 앞에 앉아 연필로 한 글자 한 글자 꾹꾹 눌러 글을 써 내려간다. 온몸으로 쓰는 게다. 머리에서 마음으로, 다시 어깨를 거쳐 팔목으로, 다시 손끝에 온 힘을 주어 글을 쓴다. 이게 육필원고肉筆原稿이리라. 말 그대로 몸으로 써 내려가는 원고다. 땀 냄새 묻은 원고다.

연필, 지우개, 연필깎이로 상징되는 김훈의 '육필원고' 고집은 표피적 관찰과 피상적 이해를 거절한다는 말로도 들린다. 글은 몸으로 써야 한다는 김훈의 말에는 삶의 구체성을 간과하지 말라는 애정 어린 권고가 담겨 있었다. 일상성을 상실한 채 거대담론과 피상적 언설로 강단을 어지럽히는 설교자에겐 속살을 찌르는 비수처럼 느껴졌다.

김훈의 강연은 긴 울림이 있었고, 영혼을 맑게 하는 신선한 자극제가 되기에 충분했다. 베토벤의 피아노 소나타 〈월광〉은 반드시 "아다지오 소스테누토"Adagio Sostenuto로 쳐야 하듯, 김훈은 육필로 원고지를 채울 때 "천천히 꾹꾹 눌러서" 써야 한다고 말하는 듯했다. '빨리빨리'를 외치며, '대충대충' 넘어가는 이 시대에 "연필, 연필깎이, 지우개"로 써 내려가는 김훈의 육필원고는 분명 시대착오적이지만 동시에 시대 초월적 저항의 목소리임에 틀림없다. 가장 심오한 텍스트를 다룬다는 목회자와 신학생들이라면 "육필원고"라는 묵직한 단어를 두고 부끄러워할 줄 알아야 하지 않겠나?

강연을 듣고 나서 그가 지나가면서 던진 한두 화두에 나도 몇 자 덧붙여 적어본다.

손가락으로 꾹꾹 눌러 한 글자 한 글자 아로새긴다
힘은 어깨를 타고 소리 없이 손가락 끝에 모아진다
삶의 무게를 손마디에 실어 모질게 눌러 쓴다
고된 몸뚱이를 연필 삼아 삶의 주름진 자국을 남긴다

몸으로 쓰는
율법 ────

"율법" 하면 목회자나 신자들은 부정적으로 인식합니다.
"율법과 복음"이라는 프레임이 그만큼 강력합니다. 특별히 바
울 서신에 과몰입한 사람이라면 더더욱 그러합니다. 그러나 신
약 성서 안에는 바울 서신뿐 아니라 마태복음도 있다는 엄연한
사실을 알면 좋겠습니다. 마태복음은 율법의 적극적이고 긍정
적인 가치를 반복해 강조합니다. 율법에 대해 예수께서 산상설
교에서 직접 하신 말씀을 들어보십시오.

진실로 너희에게 이르노니 천지가 없어지기 전에는 율법의
일점 일획도 결코 없어지지 아니하고 다 이루리라 그러므

로 누구든지 이 계명 중의 지극히 작은 것 하나라도 버리고 또 그같이 사람을 가르치는 자는 천국에서 지극히 작다 일컬음을 받을 것이요 누구든지 이를 행하며 가르치는 자는 천국에서 크다 일컬음을 받으리라 _마 5:18-19.

여기서 예수가 말씀하시는 '율법'은 바울이 그의 서신에서 부정적인 뉘앙스로 말하는 '율법'과는 다른 차원입니다. 마태를 통해 예수께서 말씀하시는 율법은 전통적으로 구약에서 '토라'라고 부르는 율법입니다. 토라는 일반적으로 "하나님의 가르침"을 의미합니다. 즉, 하나님께서 언약 백성에게 지시하고 가르치고 알려주고 이야기하신 말씀들입니다. 토라는 구약 성경 전체를 가르킨다고 봐도 무방합니다.

위에 인용한 예수님의 말씀은, 구약 성경 전체를 통해 하나님께서 말씀하고 가르치신 내용이 하나도 폐기되지 않고, 모두 예수님을 통해 성취된다는 것입니다. "내가 율법이나 선지자를 폐하러 온 줄로 생각하지 말라 폐하러 온 것이 아니요 완전하게 하려 함이라"마 5:17라는 말씀의 뜻입니다. 사람이 율법을 온전히 지킬 수 없음을 기억한다면 예수께서 율법을 온전히 지키고 이루시려고 오셨다는 것은 예수야말로 "참사람"이요 "제2의 아담"임을 의미합니다.

사실, 율법은 사람에게 참 좋은 것입니다. 하나님의 의지와 뜻을 담고 있기 때문입니다. 그러므로 율법은 폐기될 수도 없고 폐기되어서도 안 됩니다.

시편 119장과 같은 위대한 '율법찬가'를 찬찬히 읽어보면, 율법이 얼마나 좋은지 가슴 저리게 알게 됩니다. 율법은 다음과 같이 다양하게 표현됩니다.

여호와의 율법, 여호와의 증거, 여호와의 법도, 여호와의 도, 여호와의 율례, 여호와의 계명, 여호와의 판단, 여호와의 말씀, 여호와의 규례, 여호와의 교훈, 여호와의 법, 여호와의 진리, 여호와의 심판, 여호와의 성실, 여호와의 공의, 여호와의 정의….

모두 다 좋은 것입니다. 어느 것도 부정적이고 어둡고 차갑고 무서운 것은 없습니다! 율법은 따스하고, 온화하고, 격려가 되고, 힘이 되고, 위로를 줍니다. 현대인들에게 익숙한 다른 표현을 사용한다면 율법을 뭐라고 말할까요?

삶의 이정표, 앞길을 비춰주는 랜턴(등불), 육즙 가득한 스테이크, 신선한 과즙, 상쾌한 봄바람, 시원한 여름 소낙비, 포근한 이불, 외로운 등대, 북극성, 저울, 가슴 뛰게 하는 요정 이야기, 항해를 위해 사용하는 나침판, 양날 선 보검, 재판정 방망이, 산속 대피소, 날벼락을 피하는 우산….

이러니 어찌 율법을 좋아하지 않을 수 있겠습니까? 어째 율법을 사랑하지 않을 수 있겠습니까? 율법을 사랑하고 읊조리고 묵상하고 즐거워하는 것을 가리켜 나는 "토라 영성"이라고 부릅니다.

삶으로 써 내려가지 않는 신앙, 입으로만 외치는 신앙은 말짱 헛것입니다. 제자도discipleship는 입으로 하는 것이 아니라 발로 하는 것이며, 신앙은 입으로 말하는 것이 아니라 몸으로써 내려가는 육필원고肉筆原稿여야 합니다.

퍼즐 맞추기와
하나님의 경륜

퍼즐 맞추기jigsaw puzzle를 아십니까? 퍼즐(조각) 그림은 수백 개 피스부터 천 개 이상까지 다양합니다. 흥미롭긴 하지만 상당한 인내심을 요구하는 게임이기도 합니다. 주로 어린아이들의 지적 발달을 위해 만들었지만, 연령대에 따라 퍼즐 난도도 다릅니다. 퍼즐 숫자가 많고 그림이 복잡할수록 난도가 높습니다.

오래전 큰딸이 중학생이었을 때였습니다. 무더운 여름철 좁은 아파트에서 고등학교 입시를 준비하느라 무던히 애쓰던 어느 날이었습니다. 공부에 지치고 효과도 생각만큼 나지 않자 속이 무척 상했던 모양입니다. 그러나 성격상 스트레스를 바깥으로 내보내지 못하는 딸아이는 자신과의 또 다른 싸움을 걸었습니다. 걸어서 한 시간쯤 되는 쇼핑몰에 가서 퍼즐을 사온 것입니다. 보아하니 1500개 피스였습니다. 딸의 방에 들어갔을 때는 이미 많은 퍼즐 조각이 방바닥에 어지럽게 흩어져 있었습니다. 아마도 스트레스를 풀 겸 바닥에 던져버린 것 같았습니다. 조각들이 담겼던 박스만 책상 위에 반듯하게 세워져 있었습니다.

30도가 넘는 데다 무덥기까지 하여 불쾌지수가 여간 높은 날이 아니었습니다. 열이 올라 그런 것인지 무더위 때문에 그런 것인지는 분간이 안 갔지만 어쨌든 얼굴은 홍조를 띠었고 송골송골 땀방울이 얼굴과 팔을 타고 흘렀습니다. 머리를 식히려다 오히려 더 스트레스를 받는 것처럼 보였습니다.

어느 후줄근하고 습한 오후였습니다. 방문을 가만히 열어보았습니다. 딸은 비석처럼 방 한가운데 서 있었습니다. 선 채로 뭔가를 뚫어지게 쳐다보고 있었습니다. 책상 위에 세워둔 퍼즐 박스였습니다. 박스 표면에는 스위스 알프스 산자락 호수와 호수변의 그림 같은 집들 풍경이 있었습니다. 사진 원본을 눈 속에 집어넣고 있었던 것입니다. 우연히 방바닥을 보니, 와우! 박스 표면에 있는 그 아름다운 풍경이 방바닥에 펼쳐지고 있었습니다! 드디어 해낸 것입니다.

표면적으로 보면 세상만사가 아무 상관없이 우연히 발생하는 것처럼 보여도 실제로는 그렇지 않습니다. 물론 아파트 방바닥에 널브러진 수많은 퍼즐 조각처럼 때론 어떻게 연결되고 맞아떨어지는지 알 수 없어 그저 아득하고 막막하게 보일 때도 있습니다. 그러나 그때마다 책상 위에 세워 놓은 퍼즐박스 표면의 큰 그림을 뚫어지게 쳐다봐야 합니다. 마음과 머릿속에 그 그림을 각인시켜야 합니다. 조각 하나라도 맞아떨어지는 순간 작은 기쁨이 밀려들 것이고 그런 작은 기쁨들은 또 다른 기쁨으로 나갈 수 있게 힘을 더합니다.

퍼즐 그림이 없거나 전체 그림을 못 본 사람들에겐 방바닥에 널린 퍼즐을 맞추는 일이 마치 재수나 운수 혹은 우연의 일치를 바라는 것과 동일하게 느껴지기도 합니다. 어쩌다가 이 조각과 저 조각이 맞아떨어지면 재수가 좋다, 우연의 일치라고 말합니다. 우리가 사는 이 세상에서 일어나는 수많은 일이 아무런 관계없이 우발적으로 일어난다고 믿는 것이 비신자들의 사고방식입니다. 어제 커피를 마시면서 누군가를 만났던 일과 2년 후에 다른 나라에서 누군가를 만나 사업을 하는 일에는 서로 아무런 관련이 없다고 사람들은 말합니다.

그러나 "예수는 주님이시다!"라고 고백하는 사람이라면, 세상에서 일어나는 어떤 일도 결코 우연히 일어나지는 않는다고 믿어야 합니다. 그것이 병이든 암이든, 사업실패든 성공이든, 입시실패든 성공이든, 행복한 결혼이든 불행한 결별이든, 죽음이든 생명이든, 그 어느 것 하나도 빠짐이 없이 주님의 큰 그림 안에 있는 퍼즐 조각이라고 믿는 사람이 "예수는 주님이시다"라고 고백하는 신자입니다. 우리에게 일어나는 일들 중에 하나님의 큰 그림을 이루는 데 불필요하거나 덜 중요한 퍼즐 조각은 하나도 없다는 것을 믿습니다. 그러므로 신자들은 용광로 같은 뜨거운 고난의 날들과 죽음의 시간을 지나면서도 "고난받는 것이 내겐 유익했습니다"라고 고백하게 됩니다.

나와 가족과 사회와 인류와 역사와 우주를 위해 하나님께서 큰 퍼즐 그림(성경은 이것을 "하나님의 경륜"이라고 부릅니다)을 갖고 계시다고 믿는 신자와 세상 모든 일은 우연이라고 믿는 비신자는 하늘과 땅, 천국과 지옥만큼 떨어져 있습니다.

어렸을 적 할머니는 어린 손자인 내게, 당신이 시집오셔서 겪었던 대홍수에 관해 종종 이렇게 말씀하셨습니다. "을축년 장마 때 온 세상이 물바다였어!" 온 세상이라! 할머니에게 옛 날이야기를 해달라고 조르면 할머니는 언제나 을축년 장마 이 야기를 빼놓지 않으셨습니다.

어른이 되고 난 후 을축년乙丑年 장마가 언제였는지 구글 에서 검색해보니, 일제 강점기 시절 1925년 여름 네 차례에 걸 쳐 일어난 대홍수였습니다. 할머니가 1907년생이시니 18살에 시집와서 겪었던 대홍수였던 것입니다. 기록에 의하면 누적 강 수량 650mm라는 기록적인 폭우가 내려 한강 수위가 당시 기준으로 역대 최고치를 경신해 한강 제방이 무너지면서 서울 전역이 물바다가 되었답니다. 숭례문 바로 앞까지 물이 차올랐고 서울의 교통과 통신은 온통 마비되었으며 서울 전역에 익사자 400여 명에 가옥 1만 2천여 호가 유실되었다고 합니다. 가히 대홍수라고 불릴 만했습니다. 할머니 말씀 중 "온 세상이 물바다였어!"라는 구절이 지금도 귀에 생생합니다. 그런데 그 말이 엄정한 과학적 표현입니까? 객관적 사실을 정확하게 표현한 것입니까? "서울 전역이 온통 물바다"라고 해야지 "온 세상"까지는 아니었으니까요. 그러나 누구도 할머니 말씀이 거짓이라고 반박하지 않습니다.

오히려 할머니의 말씀은 진실이었습니다! 그런 사건을 그렇게 표현하는 방식이 한국인의 언어 습관이기 때문입니다. 이것이 일종의 과장법hyperbole입니다. 그런 과장법은 주변에 널려 있습니다. 친한 친구 사이에 "너 죽을래?"라고 말했다고 해서 살인 의도로 고소당하지는 않습니다.

과장법에 관한 아주 흥미롭고 어이없는 일화가 있습니다. 1991년 정월, 이라크의 사담 후세인이 같은 아랍국가인 쿠웨이트를 침공했습니다. 그러자 국제 사회는 드세게 반발했고 마침내 미국과 영국 주도의 연합군으로 이라크를 제재하는 전쟁을 시작합니다. 작전명 '사막의 폭풍'으로 유명한 걸프전의 시작이었습니다. 그때 사담 후세인은 미국이 쳐들어온다면 혹독한 대가를 치르게 될 것을 경고하며 자국민을 향한 연설에서 이렇게 말했습니다. "여러분은 미국이 빠지게 될 함정을 보게 될 것입니다. 전쟁이 시작되면, 자기들이 흘린 피로 마음껏 수영하게 될 것입니다. 신이시여, 그렇게 되기를 바랍니다."

수영할 정도의 엄청난 양의 피를 흘리게 된다는 이야기입니다. 미국 놈들의 피로 목욕을 하겠다는 말도 했습니다. 미국 언론은 사담 후세인의 이 말에 대해 저열하고 야만적인 발언이라고 맹공했습니다. 한편 미국은 막강한 전차군단과 정교한 무기 체제를 사용하여 이라크군을 압도했습니다. 당시 전투기와 폭격기 조종사들이 마치 닌텐도 게임 하듯 지상의 이라크 전차들을 정확하게 폭파하는 장면을 텔레비전으로 중계했습니다.

이때 미시간 대학의 중동 문학 교수가 저명한 잡지에 기고한 글 한 편이 큰 파장을 일으켰습니다. 사담 후세인의 발언을 두고 야만스럽고 미개하기 그지없다고 미국인들이 야단법석을 떠는 일은 그들 문화에 대해 얼마나 무지한지를 드러낸다는 내용이었습니다. "피로 목욕하겠다", "피의 강에서 헤엄치도록 만들겠다"라는 말은 수천 년 이상 내려온 중동의 문학적 관습literary convention에서 비롯된 과장법이라는 것입니다. 오히려 최첨단 살상 무기로 수많은 사람을 죽이는 전쟁을 마치 게임하듯 중계하는 것이 더욱 야만스럽다고 말합니다. 중동의 문학적 관습은 전쟁에서 적군을 물리치겠다는 표현으로 과장법을 사용하지만, 서양인은 운동 경기나 전자오락 게임 하듯 전쟁을 묘사한다는 것입니다. 결국, 연합군은 292명이 죽었고, 이라크군은 25,000~50,000명이 죽었습니다.

성경은 문헌文獻입니다. 옛 제도나 문물을 알기 위한 증거 자료라는 뜻입니다. 문헌은 글로 구성된 자료입니다. 성경에는 다양한 형식의 글Genre(장르)이 사용된다는 의미이지요. 구약은 이야기체 글(내러티브), 율법, 지혜, 예언, 시와 같은 형식을 사용하고, 신약은 복음서, 역사기록, 편지, 묵시 형식을 통해 메시지를 전합니다. 세부 유형으로는 애곡, 사랑 송가, 애가, 속담, 우화, 비유, 회고, 설교, 훈화, 족보, 풍자, 전쟁기사, 신화 등이 있습니다. 왜 이렇게 다양한 장르가 필요할까요? 독자에게 효과적으로 메시지를 전달하기 위함입니다.

구약 성경은 히브리 문학의 정수입니다. 보통 신자들뿐 아니라 일반 목회자와 신학도 가운데 이 문장("구약 성경은 히브리 문학의 정수다!")을 꺼림칙하게 느끼거나 알레르기 반응을 보이는 분이 상당히 많습니다. "성경이 무슨 문학이냐? 거룩한 하나님의 말씀이지!", "성경이 일반 문학 서적과 동급이냐?" 하고 역정을 냅니다.

하지만 '문학'이란 일차적으로 글을 사용한 소통행위를 말합니다. 하나님께서 히브리어를 사용하여 자신이 하고픈 이야기를 들려주는 책이 구약 성경 아니겠습니까? 그러니 구약 성경은 히브리 문헌이며, 히브리 문학입니다. 달리 말해 인간의 말(글)로 쓰인 하나님의 글이 성경입니다. 100% 인간의 글이며, 동시에 100% 하나님의 말입니다. 인간의 글이기에 완전하지 않을 수 있습니다. 그래서 하나님은 그 글과 글 쓰는 이에게 숨을 불어 넣었습니다. 자신이 하고픈 말과 뜻이 온전하고 분명하게 전달되도록 하신 것입니다. "성경은 그리스도인의 신앙과 삶에 관한 유일한 규범이다"라는 말이 그 뜻입니다.

구약 성경은 극히 일부분을 제외하고는 히브리어로 기록되었습니다. 쉽게 말해, 구약 성경은 히브리어를 사용하는 고대 유대인들이 기록한 글 모음집입니다. 히브리인들은 자신의 문화적 풍습과 문학적 관습에 따라 글을 씁니다. 마치 한국인이 글을 쓸 때는 몸에 밴 한국인의 풍습과 글 쓰는 관습에 따라 쓰는 것과 같습니다. 한글을 배운 외국인들이 한국인 작가의 글을 빠르게 읽고 이해할 수는 있겠지만, 온전히 이해하기는 쉽지 않습니다. 예를 들어, 오랜만에 만난 친구에게 "우리 밥 한번 먹자!"라고 하는 말은 "앞으로 만나서 그동안의 이야기를 나누자"라는 뜻입니다. '밥'은 사귐과 교제를 가리키는 지시어이기 때문입니다. 그런데 서양인 친구가 "우리 밥 한번 먹자!"라는 말을 들으면 그는 곧바로 수첩을 꺼내 약속 날짜를 적으려 할 것입니다.

히브리인들이 사물이나 사건을 묘사할 때 '그대로' 묘사하는 일은 거의 없습니다. 독자나 청중에게 강렬한 인상을 남기기 위해서라면 과감하게 과장을 하는 경우가 허다합니다. 속된 말로, '뻥'을 칩니다. 화자가 말하려는 메시지가 독자에게 선명하고 확실하게 박히게 하기 위함입니다.

'뻥튀기'를 아시나요? 옥수수가 변하여 강냉이가 되고, 쌀알이 여러 배로 부풀어 오릅니다. 재료는 동일하지만 먹을 게 많아집니다. 글도 마찬가지입니다. 단어들을 작가의 벙튀기 기계에 넣으면 '뻥' 소리와 함께 맛깔스러운 작품이 나옵니다. 과장법도 이와 같습니다. 예를 들어, 요나서에 나온 문학적 과장법을 두 가지만 찾아보겠습니다.

첫째, 한 사람이 그 안에 들어가 사흘간 살면서 기도할 수 있을 정도로 무지막지하게 큰 물고기가 등장합니다. 도대체 어떤 물고기가 그렇게 크단 말입니까? 주일학교에선 종종 "큰 고래"라고 들려줍니다. 상어는 사람을 잡아먹기 때문에 고래라고 했을 것입니다. 그런데 고래 뱃속에서 삼일 밤낮이나 생존할 수 있었다고요? 물론 역사상 단 한 번 하나님이 만들어 보낸 "거대한 물고기"라고 한다면 할 말은 없지만 말입니다. 하지만 성경 기자가 단지 그것을 소개하기 위해 그 이야기를 썼을까요?

둘째, 요나가 보냄을 받았지만 가지 않으려고 이리 빼고 저리 빼다가 마침내 가게 된 니느웨는 어떻습니까? 니느웨는 고대 아시리아 제국의 중요한 도성이었습니다. 근데 니느웨 도성의 크기가 얼마나 된다고요? 성 전체를 한 바퀴 도는 데 사흘이 걸린다고 합니다. 어른 걸음으로 꼬박 사흘이 걸릴 만큼 아주 넓은 도성이라는 뜻이겠지요. 이것 역시 문학적 과장이 틀림없습니다. 수많은 사람이 그 도성에서 사는데 그들이 다 죽게 되었으니 그들을 위해 요나가 가야 하지 않겠느냐는 말을 강조하는 수사학적 표현입니다. 하나님의 자비와 은혜와 신실하심과 진실하심이 상상을 넘어선다는 사실을 멋들어지게 표현한 구절이기도 합니다. 이러한 예는 구약 성경에 무수히 많습니다.

이처럼 중동(근동)의 문학적 유산은 풍부하고 장대하며, 히브리 문학은 이러한 고대 중동 문학의 한 줄기입니다. 은유적으로 히브리인의 "문학적 강"literary river에서 상당한 시간을 보낸다면 그 문학적 관습과 전통을 가볍게 여기지 않게 될 것입니다. 구약학자들과 고대 근동학자들의 연구를 가볍게 여기지 않아야 할 이유이기도 합니다. 그들은 문화적 차이, 언어습관의 강, 시대와 풍습의 간격을 넘어서도록 돕는 사람들이기 때문입니다. 중동인의 눈으로, 중동의 문화 맥락에서 성경을 읽어야 하는 이유가 이것입니다.

확증편향

밀폐된 공간에서 나는 소리는 울려 메아리칩니다(반향, 反響). 일종의 소리 증폭 현상입니다. 메아리치는 밀폐된 작은 방을 가리켜 "에코 체임버"echo chamber라고 합니다. 요즘 이 용어는 종종 은유적으로 사용되는데, 어떤 특정한 신념이나 주장이 밀폐된 시스템 안에서 확대 혹은 확장되거나 강화되는 현상을 가리킵니다.

아마 페이스북FaceBook이 대표적인 에코 체임버일 겁니다. 일단 페이스북에 들어오면, 사람들은 종종 자기 입장이나 견해와 비슷한 사람들과 무리를 짓거나, 혹은 그들 중 '말빨'이나 '글빨'이 있는 페북 스타들을 따르거나, 아니면 무의식적으로 그들의 의견에 환호하거나 찬성하면서 자기 입장이나 견해의 정당성을 확보하는 과정에서 짜릿한 만족감을 느낍니다. 갈수록 그렇게 믿어버리는 것입니다. 점점 그렇게 굳어집니다. 이것이 확증편향입니다.

페북과 같은 에코 체임버 안에서는 정치적·사회적 심지어 신학적으로도 양극화 내지 패거리 현상이 강화됩니다. 아군과 적군의 경계선이 분명해집니다. 어떻게든 힘을 합쳐 다른 편을 공격할 논리와 정당성을 확보하려 합니다. 여기에 에코 체임버의 어두운 그림자가 있습니다. 문제는 이 안에 오래 있다 보면 자기도 모르게 영혼이 피폐해진다는 것입니다. 때론 성격도 전투적이고 부정적으로 변하고 마성魔性적이 될 수도 있습니다.

에코 체임버 현상의 어둡고 부정적인 영향에서 벗어나려면 어떻게 해야 할까요? 아주 쉽습니다. 그냥 거기서 나오면 됩니다! 가끔 방에서 나가 바깥바람을 쐬어 보십시오. "내가 그 방에서 한쪽으로 너무 빠져 있었구나!", "나도 모르게 세뇌되었구나!" 하는 발견으로 소스라치게 놀랄지도 모릅니다. 때론 학교도, 직장도, 교회도, 심지어 특정 신학도 에코 체임버가 될 수 있습니다.

에코 체임버 현상을 조심하십시오! 페북을 조심하십시오!

쓰지 말아야 했던
편지

1991년 10월 18일로 기억한다. 11년간의 미국 이민 생활, 유학 생활, 목회 생활을 마치고 또 다른 외국인 네덜란드로 늦깎이 유학길에 오르는 날이었다. 오하이오주에서 주 경계를 넘어 미시건주 디트로이트 공항으로 향하는 차 안에는 정적이 흘렀다. 저 뒤로 아내와 어린 두 아이를 남겨 두고 나 먼저 유럽행 비행기에 오르는 길이었다. 차 뒷좌석에는 무지막지하게 커 보이는 너덜거리는 이민 가방 두 개가 무표정하게 서로 기대고 있었다. 그 커다란 가방 안에는 한물간 커다란 컴퓨터 모니터와 본체 그리고 두꺼운 히브리어 사전류와 책들, 옷가지와 약간의 살림도구가 정신 사납게 뒤엉켜 있었다. 피난민 보따리라고 해도 믿어줄 판이었다. 앞을 생각하니 막막한 두려움이 몰려왔지만, 이상하게도 무섭지는 않았다. 주사위는 이미 던져졌기 때문이었다. 오히려 이 순간만은 지난 세월을 떠올리며 만감이 교차하는 것을 즐기고 싶었다. 10여 년간의 삶이 파노라마처럼 순식간에 스쳐갔다.

투박한 겨울 양복을 입고 단돈 100달러를 들고(우리 부부를 친동생처럼 사랑했던 최 집사님 부부가 남대문에 나가 암달러 상인에게서 환전해온 귀중한 돈이었다) 김포공항을 떠나 미국 로스앤젤레스 공항을 밟은 것이 엊그제 같은데 아니 벌써 10여 년이란 세월이 말없이 흘렀다.

서부에서 잠시 살던 나는 그 후 아내와 함께 우리의 애마愛馬 플리머스 애로우Plymouth Arrow를 타고 캘리포니아 샌프란시스코의 아름다운 금문교를 뒤로하고 대륙의 동서를 횡단하는 도로에 들어섰다. 가도 가도 끝이 없는 미 대륙을 5일 만에 4500킬로를 달려 미시간주로 이사했던 기억.

신학대학원 수업에 들어가서도 무슨 소리인지 알아듣지 못해 깊은 좌절과 낙심에 빠졌던 수많은 날. 들리지 않는 강의와 공부에 온 신경을 쓰다가 귀에 고름이 흐를 정도가 되었는데, 나의 절친 다니엘 크루스가 잠시 쉬어가라고 어깨를 두드리며 격려해주던 아름다운 기억들. 학기 중에 첫 출산을 맞아 당황했던 일, 분만실에 들어가 해산하는 아내를 돕다가 첫 아이가 세상에 나오는 순간, "오 마이 갓" 하며 아들의 출생을 기뻐했던 순간, 그러나 그런 기쁨도 잠시 "귀여운 딸입니다!"라는 간호사의 말에 혼란스러웠던 순간도 떠오른다. 탯줄을 남아의 고추인 줄 잘못 보았던 것을 알고 당황스러워했던 추억….

학기말 시험 날짜와 감동적이었던 드라마 시리즈 〈가시나무새〉 방영 시간이 겹쳐 책상이 있던 아파트 거실과 텔레비전이 있던 아내 안방을 안절부절못하며 왔다 갔다 했던 일들. 다음 날까지 제출해야 하는 숙제를 마치지 못하게 되면 담당 교수에게 전화하여 우리 남편이 아프니 제출일자를 하루 연기해 달라고 사정하도록 아내에게 강요했던 일들. 공부에 몰두할 수 없다고 투정을 부리면 아무 말 없이 올망졸망한 어린 자녀들을 데리고 하나는 유모차에, 다른 하나는 걷게 하고, 다른 하나는 손을 잡고 가까운 연못으로 나가 무심한 청둥오리들에게 빵 부스러기를 던져주며 쌀쌀한 저녁 바람을 맞다가 지친 발걸음으로 집에 들어오던 아내의 모습.

긴 여름 방학이면 식료품 가게에서 새벽부터 저녁 늦게까지 일하며 생활비와 학비를 벌다가 어느 날에는 총을 든 복면 강도에게 돈을 털리고 벌벌 떨던 그 비 오던 날 밤. 그 후 총에 맞아 가슴에 큰 구멍이 뚫리고 마치 창호지가 찢긴 창문처럼 살과 혈관들이 너덜너덜하게 날리는 악몽으로 밤마다 식은땀을 흘리다 벌떡 일어나던 날들. 달랑달랑한 통장 잔고에서 곶감 빼먹듯 매달 돌아오는 아파트 렌트비와 생활비를 내면서 근심과 걱정으로 지새우던 날들. 이래 봬도 가정을 책임지는 가장이라는 체면을 구기지 않으려고 언제나 의연한 척하면서 오히려 아내에게 믿음 없다고 큰소리치던 모습들.

갈림길에 있을 때 어느 길이 정의롭고 올바른 길인 줄 몰라 헷갈렸을 때, 처음 풀타임으로 사역하러 갔던 교회가 재정이 어렵다고 하면서 우리는 아직 젊으니 이 정도면 된다고 책정한 사례금에 너무 화가 나고 슬퍼 어쩔 줄 몰랐던 시절들. 매우 까칠하게 굴었던 그 재정 담당 집사가 어떤 이유로 총으로 자살했다는 소식을 훗날 들었을 때 슬픔과 눈물보다는 "안됐군!" 하는 정도의 미덥지 않는 마음을 보였던 속 좁은 내 모습을 떠올리며 정말 슬퍼하며 회개했던 기억들. 사방이 칠흑같이 컴컴해지고 천둥번개가 요란스럽게 치며 장대비가 억수같이 쏟아붓던 밤, 대형 거실 유리창 밖 파란 잔디 위로 청둥오리들이 이리저리 뛰어 도망하던 그 밤에 아내와 함께 배를 깔고 누워 창밖을 내다보며 미래를 계획하던 그 안온한 밤들.

천지가 진동할 정도의 뇌성이었지만 우리 마음에는 그윽한 원시의 자연을 만끽할 때도 있었다. 어떻게 살까, 무엇을 먹고살까와 같은 원시적인 질문에서부터 보다 고상하고 형이상학적인 질문들까지 뒤엉켜 오곤 했다.

그리고 오하이오주의 한 작은 도시에서 6년간 정겹고 행복한 목회생활을 했다. 톨리도 한인연합교회에 청빙을 받아 약관 33살에 담임목사로 6년간 교회를 섬기게 되었던 추억을 회상해보니 여간 감개무량한 것이 아니었다. 물론 때때로 내리누르는 책임감과 그에 부응하지 못하는 자신에 대한 자괴감과 무력함 그리고 허탈감, 교회 내의 여러 자그마한 인간관계는 젊은 목사의 의욕을 꺾어놓기도 했고 개인과 가정 문제, 자녀 교육, 부부 갈등이 없었던 것은 아니지만 지금 돌아보면 그래도 가장 순수하고 정열적으로 살았던 세월이었다. 업적이나 성취보다도 사람을 귀하게 여기고, 원칙과 공평을 중요시하고, 삶의 질에 관심을 두었던 시절이었다. 목회자로서 신앙의 진실성과 순전함을 귀하게 여기고 어느 정도 목표에 이르렀다고 여겼던 시절이었다. 돌이켜 보면 아직 철이 덜 들었던 나이였지만 열과 성을 다해 교회를 섬겼고, 또한 마음씨 착한 교인들을 만나 인생에서 가장 행복했던 시절을 보냈으니, 떠나 올 때 서운하고 슬픈 마음은 이루 말할 수 없었다. 첫 목회지에서 누렸던 아름답고 정겨운 추억 덕분인지 나는 아직도 교회와 목회에 대한 이상적인 그림과 아득한 향수를 갖고 있다.

그러나 젊은 나이에 즐겁고 보람 있는 목회 사역을 하면서도 마음에는 언제나 공부 욕심이 있었다. 처음 미국에 유학 올 때도 박사 학위까지 하리라 결심했지만 그사이 여러 형편상 그럴 수 없었다. 자녀들의 출생으로 가족은 점점 늘었고 나는 생계를 책임져야 했다. 당시 한국에 홀로 계신 어머니와 가족 생활비도 대야 했던 나로서는 어깨가 여간 무거운 것이 아니었다. 이리저리 시달리기는 했지만 한 번도 휘둘리진 않았다. 때때로 힘들거나 어렵다는 생각이 들긴 했지만, 그것으로 인생과 신앙이 흔들리지는 않았다. 그러면서도 마음 한구석에 있었던 공부에 대한 소망은 사라지지 않았다.

어느 날 아내와 상의하고 교회에 사직서를 제출했다. 이제는 떠날 시간이 되었다고 생각했다. 차창 밖으로 스쳐가는 호수, 아담한 집들, 넓디넓은 잔디, 대형 트럭들, 단풍으로 물들어가는 숲에 파묻혀 깊은 상념이 잠겨 있었던 나를 깨운 것은 "이제 다 왔습니다" 하는 동행한 장로님과 권사님의 가라앉은 목소리였다. 우리는 서로 아쉽고 서운한 마음을 달래며 깊은 침묵 속에 있었다. 간단히 작별인사를 했다. 한 달 정도면 대충 자리를 잡을 것이고 그때 아내와 아이들을 불러가겠다고 말씀드린 후에 네덜란드 암스테르담으로 향하는 비행기에 몸을 실었다. 하지만 초조함과 근심 걱정으로 내 마음은 비행 내내 어두었다.

그날 밤새도록 한숨도 자지 못했다. 멀리 네덜란드로 혼자 떠나기 때문만은 아니었다. 지난 며칠간 가족은 힘든 날을 보냈다. 약 2주 전에 큰딸과 큰아들을 할머니 편에 딸려 한국으로 먼저 보냈다. 지금까지 함께 미국에서 함께 살았던 가족은 이제 서로 떨어져 살지 않으면 안 되었다.

네덜란드 암스테르담의 자유대학교에서 박사 학위 과정을 밟기로 결정한 후 가장 급한 문제는 경제적인 쪼들림이었다. 이민 목회생활은 영적으로 큰 보람을 주었고 기쁘고 즐거운 기간이었지만 경제적으로 넉넉함을 가져다주진 않았다. 내가 책임지고 있는 식구의 숫자는 나를 포함해서 어머니와 아내 그리고 딸 둘과 아들 둘, 모두 7명이었다. 교회를 사직하고 7명의 식솔을 데리고 30대 후반의 나이에 또 다른 나라로 유학길에 오른다는 것은 조금만 생각해봐도 완전히 정신 나간 짓이었다. 그러나 길이 그렇게 열렸으니 쉽게 닫고 싶지는 않았다. 그렇게 해서 내린 결정이 어머니와 큰아이 둘은 한국으로 가는 것이고 나는 아내와 아래로 두 명의 아이들을 데리고 네덜란드로 가는 것이었다. 그러나 문제는 생활이었다. 우리 가족은 어떻게 먹고살 것인가? 아무런 대책 없이 무책임하게 저지른 만용이었나? 한국에서의 가족의 생계, 네덜란드에서의 생계 등 두 집 살림을 어떻게 꾸려갈 것인가 하는 것이었다.

디트로이트에서 보스턴행 비행기를 탔다. 그곳에서 네덜란드 암스테르담으로 가는 비행기를 갈아타야 했다. 어느덧 두서너 시간이 흘러 보스턴 공항에 착륙했다. 여기서 약 다섯 시간 정도 기다렸다가 네덜란드 항공KLM을 타야 한다. 공항에서 대기하는 일은 익숙한 의식 중 하나가 되었다. 하지만 당시 보스턴 공항에서의 다섯 시간은 내 일생에서 가장 길고 괴로운 시간으로 기억되었다.

나는 전날 밤을 꼬박 지새웠다. 수많은 생각에 잠을 못 이뤄서가 아니었다. 길고 긴 편지를 쓰느라 밤을 꼴깍 새운 것이다. 어떻게 살까? 한국으로 돌아간 식구들 생활은? 네덜란드에서의 생활은? 지금 가진 것이라고는 3,000달러가 전부다. 엊그제 가족이 타고 다니던 중고차 미니 밴Plymouth mini van, 즉 우리 가족의 유일한 재산인 자동차를 팔아 생긴 돈이었다. 그 차는 비가 오거나 습한 날이면 가다가도 멈추어 서는 아주 고약

한 버릇이 있었다. 차를 전체적으로 수리하자면 비용이 많이 들어 그냥 조심스럽게 타고 다녔고, 비 오는 날엔 제발 운행 중에 서지 않게 해달라고 기도하고 다니던 차였다. 기도 덕분인지 가끔가다 설 정도였고 그런대로 몇 년간 잘 타고 다녔다. 한달 전에 차를 내놓았지만 사겠다는 사람이 없어 애를 태우더니 출국 전날, 그것도 부슬비가 내리던 날에 산다는 사람이 나온 것이다. 그 사람에게 사정 이야기를 하고 아주 드물게 시동이 꺼지는 경우가 있지만, 확률은 제로에 가깝다고 얼버무리고 그에게 자동차 키를 건넸다. 그가 차에 올라 시동을 거는 순간 얼마나 마음을 졸였는지 모른다. 혹시나 시동이 걸리지 않으면 어쩌나 하고 말이다. 다행히 시동이 걸리고 현금으로 3,000달러를 받았다. 그렇게 해서 손에 쥔 전 재산이었다. 이 돈으로 나는 네덜란드에서 생활을 시작해야 한다. 아무런 안전 보장이나 생활 수단을 확보하지 않은 상태로 무모하게 발을 내딛은 것이다.

떠나기 전날 밤에 나는 정 장로님 댁 2층 방 하나에서 아내와 어린 두 자녀와 함께 미국에서의 마지막 밤을 보냈다. 일주일 내내 이사하고 짐 정리하느라 아내는 피곤에 못 이겨 곤한 잠에 떨어졌다. 두 아이 역시 마찬가지였다. 그러나 나는 그럴 수 없었다. 어두운 방 한구석 책상에 불을 밝히고 앉았다. 방 안 사방에 정신없이 널린 짐들과 널브러져 잠든 식구들 얼굴을 보니 한숨과 애잔함이 섞여 나왔다. 마음을 가다듬고 편

지지를 가지런히 책상 위에 놓았다. 그리고 미친 듯이 써 내려
갔다. 대략 7장 정도되는 장문의 편지였다. 한국에 있는 친구에
게 보내는 편지였다.

　그에게 편지를 보내게 된 사연인즉 이렇다. 몇 년 전에 한
국을 잠시 방문하러 나갔다가 친구를 만난 적이 있었다. 그는
나보다 서너 살 위였지만 학교는 동기였다. 그는 이미 한국 교
계에서 유명한 사람이었고 큰 교회 담임목사에다 꽤 상당한 규
모의 신학교를 운영하고 있었다. 그를 만나려면 비서실장을 통
해서만 가능했고 직접 통화도 거의 불가능했다. 그런 친구가
나에게는 매우 친절하게 대했으며, 이런저런 이야기를 하다가
나를 지원해주겠으니 마음 놓고 공부하라는 것이었다. 약간의
조건이 있다면 학위를 마치고 돌아와 자기가 하려는 일을 도와
주면 된다는 것이었다. 그때 나는 사람을 신뢰하는 일은 신앙
인으로서 옳은 일이 아니라고 생각하면서 제안을 정중하게 거
절했다. 그러자 친구는 나중에라도 생각이 있으면 언제라도 연
락하고 했다. 그리고 우리는 헤어졌다.

　나는 이제 막다른 골목에 들어선 상황이었다. 어디에서도
도움의 손길은 보이지 않았다. 눈을 들어 산을 보아도, 주위를
둘러보아도 어디에서도 도움이 올 만한 곳은 없었다. 하늘을
보아도 먹구름만 잔뜩 할 뿐 아무도 없었다. 몇 년 전 친구의
말이 새록새록 분명한 어조로 들려오기 시작했다. "내가 널 지
원해줄 테니, 필요하면 언제라도 연락해!" 어려움이 더할수록

귀에 더욱 생생했다. 나는 그 말에 인생을 걸기로 작정하고 얼빠진 사람처럼 편지를 써 내려갔다.

편지의 내용은 대략 이랬다. 당시 내가 정중하게 사양하며 말했던 것이 사실은 진심이 아니었다느니, 친구에게 괜스레 부담을 주는 것 같아 그랬다느니 그리고 지금 내 형편이 얼마나 어렵고 힘든지에 대해, 이번에 나를 잘 도와주면 평생 은혜를 잊지 않겠다느니, 당신은 하나님이 쓰시는 큰 그릇이라느니, 당신이 하려는 하나님의 일에 전력을 다해 돕겠다느니 등등…. 참으로 그렇고 그런 말을 일필휘지 휘갈겨 쓰고 있었다. 쓰면서 힐끗 옆을 보니 잠자고 있는 순박한 아내와 철없는 아이들 모습이 눈에 들어왔다. 눈물이 핑 돌았다. 내가 이 정도밖에 안 되나, 하나님을 신뢰하며 살려고 무던히도 애쓴다는 내가 이렇게도 무참하게 무너져 내려야 하는 것일까? 하나님을 신앙한다는 것이 무엇일까? 도무지 부끄럽고 창피하고 참담하기 그지없었다. 나는 굽실거리는 치사한 자세로 편지를 써 내려가고 있었다. 돌아보면 내 인생에서 가장 추하고 지저분하고 수치스럽고 창피하고 부끄러운 편지였다.

이렇게 쓴 편지를 흰 봉투에 넣어 왼쪽 가슴 속 깊이 넣었다. 그리고 디트로이트 공항을 떠나 보스턴 공항에서 잠시 기다리던 중이었다. 그렇게 암스테르담으로 가는 비행기의 탑승 시간은 5시간 남은 상황이었다. 누군가 보스턴 공항 안에서의 내 움직임을 몰래카메라에 담았더라면 정말 가관이었을 것이다.

나는 공항 안의 우편 편지함을 찾았다. 그 앞에 초조하게 섰다. 가슴팍 깊이 넣어둔 그 편지를 부쳐야 했으니까. 편지통 앞에서 서성거리기 시작했다. 넣을 것인가 말 것인가? 이 편지를 부칠 것인가 말 것인가?

오른손이 왼쪽 안주머니 안으로 조심스레 들어간다. 그리고 맨손으로 나온다. 다시 손을 집어넣는다. 편지를 꺼냈다. 이제는 우체통에 집어넣을 차례다. 그러나 그럴 수는 없었다. 다시 안주머니에 집어넣는다. 숨을 고르며 공항 안을 이리저리 배회한다. 아무런 생각도 없이, 오로지 한 가지 생각에 마음을 쏟는다. 편지를 보내야 하는가 아니면….

그러기를 한참이 되었나 보다. 갑자기 안내 방송이 들려왔다 "This is the last call, last call for Amsterdam! 암스테르담으로 가는 비행기 마지막 탑승 안내입니다." 세상에! 그렇게 다섯 시간 동안 우체통 곁에서 뒤가 마린 강아지처럼 안절부절못하며 서성거렸던 것이다.

이제 결정의 시간이 왔다. 우체통 앞에 섰다. 편지를 꺼내 들었다. 넣을까 말까, 붙일까 말까. 순간 내 손에서 편지가 우체통 안으로 빨려 들어가는 것을 느꼈다. 그 안으로 떨어진 것이다! 편지를 그 친구에게 부친 것이다. 편지가 우체통 속에 떨어지는 순간 나는 번뜩 알았다. 집어넣지 말아야 할 편지를 부쳤다는 사실을. 내 일생에 가장 수치스럽고 창피하기 그지없는 순간이었다.

발을 동동 구르며 후회했지만 묵중한 우체통 안으로 들어간 편지를 다시 꺼낼 수는 없었다. 거의 정신을 잃은 채로 나는 허겁지겁 비행기 탑승구로 달려갔다. 대서양을 건너는 7시간 동안 내 눈에는 주체할 수 없는 눈물만 흘렸다.

아, 나는 그렇게 무너지고 말았다.

왜 하나님께서는 이런 광야 속으로 이끄실까?

우리가 하나님을 계속 따라간다면

반드시 놀랍고 장엄한 것을 발견하게 되기 때문이다.

그런데 놀랍고 장엄한 그 무엇은 궁극적으로

오직 '힘든 길'에서만 발견된다.

거기서 변혁과 변형과 변화가 일어난다.

광야 속에서 형태가 완전히 바뀌는 것이다.

미용적인 성형이 아니라 본질적인 정형이다.

구조와 틀 자체가 완전히 바뀌는 것이 정형적 변화다.

어디서 그런 일이 가능한가?

광야 길, 고단한 길, 힘든 길에서만 발견되는 놀라운 선물이다.

제 5 장

경계선에

서서

삶과 죽음의 경계선에서
인생을 보다

　　39년 전, 6월 어느 따스하고 화려한 날 갓 결혼한 나는 젊디젊은 아내와 함께 서울에서 고속버스를 타고 전남 순천으로 향했다. 어둑해진 저녁에 순천의 허름한 한 여관에서 하룻밤을 보내고 다음 날 일찍 시외버스를 타고 전남 고흥반도 끝자락까지 갔다. 녹동항에서 다시 배를 타고 눈에 보이는 아주 가까운 섬에 도착했다. "작은 사슴들이 사는 섬", 소록도小鹿島였다. 그렇게 '신혼여행지'로 선택한 소록도는 천혜天惠의 아름다운 섬이었지만 동시에 천형天刑의 땅이기도 했다. 지금은 한센병이라 불리지만 당시만 해도 문둥병 혹은 나병이라는 저주스러운 스티그마stigma를 몸과 마음에 간직하고 살아야만 했던 슬픈 사람들의 거주지였다. 사회에서 추방되어 격리된 외진 곳이었다.

당시 섬은 두 구역으로 나뉘어 있었다. 나병을 관리하고 치료하고 보살피는 의료진이 사는 구역과 나병 환자가 거주하는 구역이었다. 경계가 분명했다. 당시 소록도중앙교회의 목사님(고 김두영 목사님) 배려로 경계선을 통과하여 교회당에 들어갔다. 먼저 교회 사무실에서 장로님을 만나 신혼여행으로 그곳까지 오게 된 사정을 이야기했는데, 의자에 앉기 전에 먼저 장로님과 인사차 악수를 건넸다. 장로님 얼굴을 보는 순간 "아악" 소리를 지를 뻔했다. 숨을 죽이고 얼떨결에 악수를 청했는데, 내미는 손을 보니 도무지 만질 수가 없었다. 손가락 두서너 개가 절단된 것처럼 보였고, 고름이 굳어진 자국을 건드리면 껍질이 떨어질 듯했다. 하지만 '명색이 소록도로 신혼여행까지 결심한 사람인데' 하는 생각에 장로님의 손을 잡았다. 참 이상했다. 그렇게 따뜻할 수가. 뭔가 따스한 물에 손을 담근 듯했다.

6월의 따스한 햇살이 교회당 창문을 타고 바닥에 내려앉는다. 인생의 첫발을 디딘 두 젊은 남녀가 기도하기 위해 교회당 문을 열고 들어간다. 당시 교회당 바닥은 마루였다. 창문을 타고 들어온 햇살에 마룻바닥이 환하게 드러나 보인다. 여기저기 고름이 굳어진 자리들, 그 위에 먼지가 덕지덕지 붙어 있어 어느 곳 하나라도 자리 잡기가 쉽지 않았다. 기도하기 위해 까치발을 들면서 괜찮아 보이는 지점을 이리저리 건네 뛰듯 방석 하나 들고 앉았다. 뭐라 기도했는지는 기억이 나지 않는다.

기도 드린 후 나와 아내는 교회당을 나와 왼쪽 모서리를 돌았다. 양지바른 교회당 벽면에 할머니들이 따스한 햇살에 살 갗을 데우기 위해 삼삼오오 쪼그리고 앉아 있는 모습이 눈에 들어왔다. 그분들이 지나는 우리를 물끄러미 쳐다본다. 조금 앞으로 가니 웅성거리는 소리가 들렸다. 교회당 뒤쪽에 사람들이 많이 모여 무엇인가를 하는 듯했다. 아아, 장례식이 시작되는 것이 아닌가. 관 위에는 교인들이 손수 만든 하얀 종이꽃이 덮였고, 빨간색 종이꽃으로 십자가 문양 수를 놓았다. 몸이 성한 사람은 하나도 없었다. 대부분 중년과 노년의 교인들이었고, 몰골이 말이 아니었다. 지팡이를 의지해 서 있는 분들이 의외로 많았는데, 약간 거리를 두고 장례를 쳐다보던 나와 아내는 말을 잃었다. 흰색 옷을 입은 무리 전체가 마치 하늘에서 내려온 천사들 모임 같았기 때문이었다.

저만치 찬송 소리가 들렸다. "해보다 더 밝은 저 천국… 며칠 후 며칠 후 요단강 건너가 만나리…." 요단강 선착장에서 거룩한 무리가 자그마한 배 한 척을 미카엘 천사 손에 맡겨 띄워 보내면서 부르는 합창처럼 들렸다. 이보다 더 거룩한 순간, 신성의 임재를 느껴본 순간은 이후로도 별로 없었던 것 같다. 소망을 안고 살아가면서 희망을 가슴에 품고 부르는 노래… 여린 사슴 같은 사람들이 순백의 노래, 희망의 찬송을 부르고 있었다.

이제 인생의 첫걸음을 시작한 젊디젊은, 생명으로 충일한 젊은 부부와 고단하고 굴곡진 인생을 마감하며 새 땅으로 떠나는 어느 이름 모를 성도…, 그들에겐 생명과 죽음의 경계선이 더 이상 아무런 의미가 되지 못했다. 그 유월의 어느 날은 내 인생에서 가장 애잔하고 찬란한 날이었다. 생명과 죽음이 하나라는 사실을 가르침받은 날이었다.

며칠 전에 나와 아내는 39년 전으로 시간여행을 했다. 그때 그날을 기억하면서 서울에서 전남 고흥반도 끝자락까지 달렸다. 소록대교가 시원하게 섬을 이어주어 더 이상 녹동항에서 배를 타고 갈 필요가 없게 되었다. 아직도 섬은 두 구역으로 나뉘어 있었다. 39년 전에 소록도에서 인상적으로 기억에 남은 이름이 있었다. 구라병원과 구라공원. 구라救癩는 "나병에서 구원하다"라는 한자어다. 지금은 각각 국립 소록도 병원과 소록도 중앙공원으로 바뀌었다. 이번 방문에서 한센병 거주 구역에는 들어갈 수 없게 되었는데 천만다행으로 길거리에서 소록도 중앙교회 장로님을 만나 사정을 이야기하니 중앙교회당에 들어가는 것을 허락하셨다. 경계선을 넘어 성전에 들어갔다. 39년을 복기하는 소중한 추억 여행이었다.

광야에서 즐기는
고스톱

아주 오래전 중학교 시절이었습니다. 내가 다니던 중고등학교(서울 신대방동 성남중고등학교)는 전국에서 유일하게 학생 교련敎鍊 과목이 있었는데 일종의 학생 군사 훈련 시간이었습니다. 후에 교련은 전국 고등학교로 확대되었고, 그때 우리 학교가 교련시범학교로 지정되었으니 중고등학교 6년 동안 군사훈련을 받은 셈입니다. 중고등학교 시절의 교련 제도는 나중에 대학교에서 학도호국단 제도로 다시 태어납니다. 물론 군사독재 시절 유물이긴 하지만.

군사 훈련의 기본은 제식 훈련制式訓鍊입니다. 제식 훈련은 집단생활을 하며 통일성이 필요한 군인에게 절도와 규율을 익히게 하는 훈련으로, 맨손으로 하는 도수동작徒手動作이 기본입니다. 예를 들어 '차렷', '열중쉬어', '쉬어', '편히 쉬어', '편히 앉아', '우향우', '좌향좌', '뒤로 돌아', '우향 앞으로', '좌향 앞으로' 등이 있습니다. 제식 훈련을 마치면 그다음으로는 사열식과 같은 집단 행진을 하는데 종과 횡의 열을 맞추어 일사불란하게 걷습니다. 이것 역시 어떤 사람들에겐 결코 쉽지 않았습니다. 개인적으로는 잘 걷던 사람들도 집단 일원이 되어 함께 발을 맞춰 오른발 왼발을 정확하게 내딛는 일이 고역인 고문관들이 종종 눈에 띄었습니다. 다른 사람은 모두 왼발을 내딛는데 혼자 오른발을 딛는다든가, 아니면 발과 손이 같이 올라가기도 했습니다. 훈련소 교관이나 교련 선생님은 그런 학생을 대열에서 따로 불러내 망신을 주며 발걸음을 가르치지만 그게 마음대로 안 되는지 진땀을 흘리며 눈물을 보였던 친구도 떠오릅니다.

제대로 걷는 일이 생각보다 쉽지 않습니다. 그것도 단체 안에서는 더더욱 그렇습니다. 신앙도 비슷하지 않은가요? 신앙은 본질적으로 혼자 걷는 행동이 아니라 공동체 안에서 함께 걷는 일입니다. 다른 사람과 보조를 맞춰 함께 멋지게 질서정연하게 걷는 것입니다. 그래서 훈련이 필요합니다. 앞뒤로 좌우로 줄을 맞춰 보무步武도 당당하게 절도 있게 걷는 행진 대열을 보면 때론 소름이 끼칠 정도로 멋집니다.

걷는 일, 서는 일, 쉬는 일, 다시 일어나 걷는 일, 멈춰서는 일, 휴식하는 일, 모두 일상의 동작이지만 결코 만만하지는 않지요. 하나님과 함께 걷는 일, 하나님과 함께 멈추는 일, 하나님과 함께 쉬는 일, 가다 서다의 반복적 리듬을 몸에 온전히 익히는 일이야말로 고되게 느껴지지만 훈련을 마친 후에 제2의 본성이 되어 자연스럽게 몸에 배면 사람들은 그들을 가리켜 격조 있는 하나님의 군병들이라고 부릅니다.

구약 민수기에 따르면, 광야Wilderness는 오합지졸 같은 히브리인들을 여호와 하나님의 정예군사로 훈련시키기 위한 최적의 야전 훈련장이었습니다. 물론 갓 훈련소에 입소한 철없는 장정들은 끊임없는 불평불만을 표출했지만 지휘통제소의 총사령관은 아랑곳하지 않고 그들을 강하게 밀어붙였습니다.

훈련은 단순했고 반복적이었습니다. 일사불란一絲不亂(한 오라기의 실도 흐트러짐 없다!)하게 행군하는 일과 멈춰 전열을 가다듬고 휴식을 취하는 일을 반복했습니다. 마치 하나님께서 천지 창조 때 보여주셨던 패턴처럼 그들에게 일과 휴식의 균형 있는 리듬을 타며 광야생활을 즐기도록 훈련한 것입니다. 한마디로 40년 동안 하나님은 그들에게 '고스톱'Go-Stop을 가르쳐주신 것입니다. 불행히도 그들은 고스톱의 묘미를 즐길 줄 모르고 그저 기계적 훈련으로만 알고 괴로워했던 셈입니다.

경지에 오르면 고스톱은 예술art이지 단순히 기술skill 습득 문제가 아니라는 것을 우리나 그들이나 너무 늦게 배웁니다. 어쨌든 피할 수 없다면 즐기십시오!

샬롬과
안녕

그리스도인들은 히브리어 '샬롬'이란 용어를 종종 사용합니다. 서로 만나 인사할 때 "샬롬!"이라고 합니다. 우리말로는 "안녕"安寧에 해당하는 단어입니다. 안녕은 걱정이나 탈이 없고 몸이 건강하고 마음이 편안한 상태를 가리킵니다. "안녕하시지요?"라고 묻는 것은 "샬롬이 있기를 기원합니다"라는 뜻입니다. "안녕히 가세요"라는 우리 말을 영어로 표현하면 "Go in Peace"입니다. 이 경우도 히브리어 성경은 "샬롬"을 사용합니다. 예수께서 부활하신 후 제자들에게 찾아와서 하신 말씀, "너희에게 평강이 있을지어다"는 히브리어로 "샬롬 레켐"으로, 우리말로 "안녕하기를 바란다"라는 의미입니다.

히브리어 샬롬은 의미상 포괄적인 단어로, 평화, 번영, 안녕, 평강, 번성, 건강 등 다양하게 번역됩니다. 저명한 유대인 랍비로 음악가이며 이야기꾼이기도 한 슐로모 칼레바흐Shlomo Carlebach가 샬롬이란 단어의 뜻을 재미있게 소개한 내용이 있어 정리해보았습니다.

샬롬שלם은 세 개의 히브리어 자음 "쉰", "라메드", "멤"으로 구성되어 있습니다.

(1) 샬롬을 이루는 첫 번째 길은 첫 번째 자음 "쉰"ש 글자의 양쪽 가지 가운데 있는 가지처럼 둘을 하나로 함께 묶는 것입니다.
(2) 두 번째 자음 "라메드"ל는 가장 키가 큽니다. 샬롬은 가장 높은 곳에서부터 가장 낮은 곳까지 두루 펴지도록 해야 합니다.
(3) 세 번째 자음 "멤"ם은 꼭 닫혀있는 모양입니다. 샬롬은 온전해야 합니다. 틈새가 있어서는 안 됩니다 균열이 있어서도 안 됩니다. 가득하고 충만해야 합니다.

여러분 모두가 '안녕'하기를 바랍니다. 여러분 모두에게 '샬롬'이 있기를 기원합니다.

코너 마켓의
추억

1981년 2월의 일이었다. 당시 나는 미 서부 캘리포니아주 산호세에서 학비를 벌기 위해 일하고 있었다. 산호세는 실리콘 밸리의 거점 도시로 쾌적한 날씨와 교육환경이 좋은 곳으로도 잘 알려져 있어 지금도 한인들이 많이 거주한다. 인근에는 스탠퍼드 대학교와 버클리 대학교가 있는 팔로알토와 버클리, 세계 3대 미항 중 하나인 샌프란시스코가 인접해 있다. 캘리포니아는 지중해성 기후대라 여름에는 비가 한 방울도 내리지 않는 건기이고 겨울에는 우기로 비가 오면 산야가 온통 아름다운 녹색으로 변한다.

산호세 다운타운에 위치한 곳에 자그마한 식료품 가게가

있었는데 한인들은 보통 "수퍼마켓"Super Market이라고 부른다. 사실은 "미니마켓"Mini Market이라고 해야 어울렸지만, 그래도 억척스럽게 살아가는 교포들에게 생존을 위한 마지막 자존감을 심어주는 가게이기에 그렇게 불러도 누가 뭐라 하는 사람이 없었다.

2월이라면 우기雨期다. 나는 교포가 운영하는 수퍼마켓에서 일했는데 가게 이름이 '코너마켓'Corner Market이었다. "모퉁이 가게"란 이름을 갖게 된 것은 알마딘 가와 윌로 가 모퉁이에 있었기 때문이었다. 내 일과는 아침 6시에 나가 가게 문을 열고 밤 11시경에 문을 닫고 집으로 돌아오는 것이었다. 이렇게 벌어 미시간 캘빈신학교 학비를 모아야 했다. 이른 아침 가게 문을 열고 커피를 내리면 일찍 출근하는 미국인들이 종종 가게 앞에 잠시 주차하고 들어와 커피와 도넛 한 개 정도를 사가는 일이 일상이었다. 당시 나는 서투른 영어로 손님들 요구에 답했고 간혹 나의 친절을 귀엽게 보고 이리저리 말을 걸어오면, 이때다 싶어 귀를 쫑긋하고 그들의 말을 들으려고 무진 애를 썼다.

왈 버거 씨라는 분이 있었는데 직장으로 가는 길에 매일 아침 커피를 픽업하러 내가 일하는 코너마켓에 오곤 했다. 신실하고 정직해 보이던 왈 버거는 침례교 신자였는데 신학 공부하러 미국에 왔다는 내 이야기를 듣고 자기 집에 식사 초대를 했다. 내 진로를 도우려는 마음에서였다. 인근 샌프란시스코에 골든게이트 침례신학교Golden Gate Baptist Seminary가 있는

데 거기로 공부하러 간다면 한 달에 1,000달러 지원이 가능하다면서 자기가 주선해주겠다고 했다. 그 마음은 참 고마웠다! 만일 그의 제안에 따랐더라면 지금쯤 나는 침례교 목사로 살고 있을 것이다. 그리고 수많은 사람을 물속에 집어넣었을 것이다. 당시 산호세에 사시던 장인장모도 침례 교인들이었는데 나더러 굳이 동부 미시간까지 가서 공부할 일이 뭐가 있느냐면서 제안을 받아들이라는 무언의 압력도 넣으셨다. 물론 딸을 가까이 두고 싶어 하는 부모의 마음인 줄을 이제 나이를 먹고 나니 깊이 이해하게 된다. 어쨌든 그들은 나의 집념을 꺾진 못했지만 35년 후인 이제, 남편 되시는 장인어른을 먼저 하나님께 돌려드리고 홀로 사시는 장모님의 노인 아파트에서 지금 이 글을 쓰고 있으니 만감이 교차할 뿐이다.

비가 주룩주룩 내리는 날 어느 늦은 저녁이었다. 캘리포니아의 겨울비가 은근히 옷소매 사이를 파고들어 춥게 느껴지던 저녁이었는데 가게에는 별로 손님이 없었다. 그럭저럭 가게 문을 닫을 시간이 되었다. 밤 10시 40분이 넘어가는데 가게 안에는 아무도 없었고 나는 벽에 걸린 시계만 물끄러미 쳐다보고 있었다. 그때 누군가 가게 안으로 들어오는 것이 보였다. 힐끗 보아하니 후드티를 입고 벙거지 모자를 푹 눌러쓴 멕시칸 계통의 청소년 같았지만 마지막 손님이겠거니 하며 별 신경을 쓰지 않았다. 가게 안을 한 바퀴 돌아 계산대에 껌 한 통을 올려놓았다. "25센트입니다!" 동전을 받으려고 손을 내밀었다. 그런데 이게 뭔가? 눈앞에 총부리가 날 향해 있는 게 아닌가?

순간 머릿속이 하얘졌다. 순간 온갖 생각이 스쳤다. 한국에서 말로만 듣던 일이 지금 내게 일어나고 있구나! 식료품을 파는 수퍼마켓이나 주류 판매점 hot liquor에서 일하다 총에 맞아 죽은 교포 사회 이야기가 당시 한국 텔레비전에도 종종 나오곤 했는데 바로 그 일이 내 일이 될지도 모르는 순간이었다. 나는 차마 강도의 얼굴을 볼 수 없었다. 내 시선은 오로지 강도의 권총 방아쇠에 집중하고 있었다. 저놈이 손가락 하나만 까딱거리면 총알이 내 심장을 관통할 것이고, 내 심장은 걸레 조각처럼 너덜거리고, 나는 더 이상 한국의 어머니와 식구들을 볼 수 없게 된다는 사실이 짧고 짧은 순간에 머릿속을 전광석화처럼 스쳐 갔다. 놀랍게도 내 입에서는 헛웃음이 나오고 있었다. 기가 차면 나오는 그런 웃음 말이다.

그러면서도 또 다른 생각이 스쳤다. 내가 서 있던 계산대 바로 옆에 날렵한 몽둥이가 있었다. 가게 주인이 못된 술주정뱅이 손님들을 상대하려고 위협용으로 갖다놓은 몽둥이였는데 아주 미끈했다. 이래 봬도 나는 운동신경이 아주 탁월하고 게다가 고등학교 시절 연마한 검도 1단에 대한민국 군대에서 배운 태권도 1단 유단자가 아닌가? 저런 놈 하나 처리 못 할 이유가 없지 않은가? 내 나이 27살인데! 분초를 다투는 이 순간에 저 몽둥이를 들어 저 강도 놈의 권총 잡은 오른 손목을 내리친다면 분명 승산이 있을 거야! 만에 하나라도 실패한다면 내 심장은 걸레가 되고 이 사건은 전파를 타고 한국에 퍼질 테고.

강도는 내게 "한발 뒤로 물러나!"라고 소리쳤다. 얼떨결에 손을 들고 뒤로 물러났다. 그리고 놈은 손을 길게 내밀어 계산대의 현금을 움켜쥐었다. 물론 내 눈은 오로지 그놈의 방아쇠에 집중하고 있었다. 아마 1~2분 안에 일어난 사건이었던 것 같다. 정신을 차리고 보니 유유히 가게 문을 열고 바깥으로 나가는 놈의 뒷모습이 보였다. 급히 전화로 경찰에 신고하자 얼마 후 요란한 사이렌 소리와 함께 서너 대의 경찰차가 도착했다. 당시 나에겐 강도보다 미국 경찰들이 더 무서워 보였다. 이것저것을 물어보는데 짧디짧은 영어로 대답하기엔 역부족이었다. 이보다 더 큰 좌절감은 그 후 어디에서도 느끼지 못했다.

34년이 지난 어느 날, 다시 산호세를 찾았다. 내가 근무하는 학교에서 허락한 21년 만의 연구 학기를 빌미로, 그때 까딱 일이 잘못됐으면 과부가 되었을 아내와 함께 장모님을 뵈러 산호세에 온 것이다. 오자마자 제일 먼저 옛 추억을 되살려 '코너 마켓'을 찾았다. 감회가 새로웠다. 그때 내가 다른 선택을 했었더라면 어떻게 되었을까 하며 가게 안으로 들어갔다. 내가 섰던 그 계산대엔 인도 계통의 수줍음 타는 한 젊은이가 서서 손님을 맞이하고 있었다. 몇 마디 말을 주고받고 이내 친해졌다. 내가 옛날에 여기서 그랬던 것처럼 이 친구도 나에게 선키스트 음료 한 캔을 공짜로 주는 게 아닌가! 네가 서 있는 곳에 34년 전 내가 있었노라고 그리고 강도 이야기도 함께 들려주었다. 신기한 듯 이야기를 듣던 친구가 "우리 주인도 나에게 조심하라고 했습니다"라며 빙그레 웃었다. 그 친구도 아르바이트로 돈을 버는 중이라고 하는데, 설마 신학을 하려는 것은 아니겠지.

　세월이 많이 흘렀지만 그날은 나에게 그대로 멈추어 서 있다. 내가 지금 살아서 밤늦은 시간에 객지에서 이런 글을 쓰고 있다는 것이 신기하다. 삶은 신비로운 것임에 틀림없다. 그때 "코모스타스 우스떼드?"(잘 지내니?) 하며 내게 말을 걸어 오던 그 멕시칸 술주정뱅이들은 지금은 어디서 무엇을 하고 있을까? 주인 모르게 공짜 커피 한 잔씩을 건네주면 "무초 그라시아쓰"(아주 고마워)라고 좋아하던 그들의 얼굴이 떠오른다. 그렇게 술을 퍼마셨으니 아마 이 세상 사람들은 아닐 거야. 어쨌든 그들의 인사에 "비엔 비엔"(좋아, 좋아!) 하며 대답하던 나는 지금 여기에 있는데…. 인생은 퍼즐 조각 맞추듯 흥미롭고 아름답다.

물 먹이시는
하나님

새벽 5시에 알람이 작동하도록 아내에게 부탁했다. 내일 새벽 6시 30분에 비행기를 타야 하기 때문이다. 밤늦도록 이런 저런 이야기를 주고받다가 새벽 2시경에 잠이 들었나 보다. 잠결에도 느낌은 무시 못 한다. 느낌이 이상했는지 절로 눈이 떠졌다. 새벽 5시 30분이다. 아뿔싸, 6시 30분이 비행기 시간인데 5시 30분에 일어나다니! 아내가 알람 시간을 맞춰놓기는 했지만 잠금 상태로 했던 것이다. 몇 마디 아내에게 쏘아붙이고 허겁지겁 일어나 샤워를 했다.

아무리 시간에 쫓겨도 출타하려면 머리는 단장하게 해야 했다. 나이를 먹어가면서 아침마다 헝클어진 머리를 다듬는 일은 일종의 의식ritual이 되어버렸다. 한때는 울창한 밀림이었던 위쪽 뒷머리 부분은 이제 점점 사막화 현상이 뚜렷하다. 빗으로 쓸어내려 숭숭한 부분을 덮으려고 애를 썼다. 물론 아내는 "당신 나이에 그 정도면 아주 훌륭해요"라고 위로하지만 그래도 점점 가늘어가고 사라져가는 머리칼이 서운하다. 아무리 시간이 없어도 밤 9시 정도까지는 지탱할 수 있는 머리 모양을 만들어야 했다. 아내는 차고에 나가 시동을 걸어놓은 상태다. 시간을 보니 5시 45분이다. 내가 생각해도 전광석화처럼 모든 준비를 완료하고 차를 탔다. 미안한 아내는 아무 소리도 못하고 조용히 걱정스러운 눈치로 옆자리에 앉아 있다. 사실 아내가 미안해야 할 이유는 전혀 없다. 내가 가야 할 시간을 알아서 맞춰놓아야 하는 게 아닌가. 살짝 미안했지만 오히려 헛기침하며 차를 세차게 몰았다. 아무리 집에서 공항이 가깝더라도 탑승 시간을 40여 분 남기고 집에서 출발하는 사람이 어디 있는가? 도착하니 마지막 탑승을 알리는 방송이 들렸다. 식은땀이 새벽부터 등줄을 타고 소리 없이 내린다. 간신히 탑승했다.

미시간에서 출발해 미국 남부 항구도시 휴스턴을 경유, 서부 로스앤젤레스에 도착했다. 장장 8시간 만에 나성羅城, LA에 도착했다. 30년 전 처음 미국 땅을 밟은 곳이 이곳이라 감개무량했다. 지난 세월이 주마등처럼 지났다. 도착하자마자 바빴다. 저녁 7시에 있을 아주사퍼시픽대학고Azusa Pacific University 학위 수여식에 참석하기 위해 온 것이다. APU 총장을 비롯하여 여러 주요 보직자를 만나고 저녁 5시에 열리는 총장 초청 만찬에도 참석하는 일정이었다. 내가 봉직하는 학교의 설립자가 명예박사 학위를 수여받는데 통역을 포함한 여러 의전을 처리해야 하는 일이 내 임무였다.

아침 식사도 기내에서 급하게 먹었고, 점심도 LA 고급호텔의 수영장 옆에 차려진 멋진 식탁에서 발음도 어려운 이탈리안 메뉴에서 덮어놓고 고른 후 정신없이 먹었으며, 총장 초청 만찬에서도 사소한 말까지 통역하느라 먹는 둥 마는 둥 했다. 야간 졸업식을 마친 후에 일행은 밤 10시가 되어 LA 다운타운 한복판에 있는 높은 빌딩으로 이동했다. LA 전경이 내려다보이는 건물로 꼭대기 층에 자리 잡은 레스토랑은 회전 식당이었다. 앉아 있으면 그 층 전체가 서서히 돌아가며 LA 야경을 볼 수 있었다. 대부분 연인끼리 오는 장소였고 가끔 우리처럼 관광객이나 구경꾼들도 보였다. 치즈 케이크, 커피, 바닐라 아이스크림 등을 시켜 먹고 담소를 나누다가 밤늦게 숙소로 돌아왔다. 새벽 5시에 다시 공항에 나가야 했다. 함께 투숙한 동료가 그 시간에 비행기를 타야 해서 할 수 없이 나도 그를 따라 공항에 가기로 했다. 그가 공항에서 차를 대여했기 때문이었다. 상당한 시간을 공항에서 무료하게 기다릴지도 모를 경우를 대비하여 나는 구식 컴퓨터를 무겁게 들고 오기도 했다.

그런데 문제가 터졌다. 새벽 2시부터 심한 복통이 느껴졌다. 너무나 팍팍한 여정을 계속하여 소화해서인가. 통증이 심해져 화장실에도 가봤지만 해결이 요원했다. 도무지 견딜 수 없는 복통이었다. 침대에서 이리저리 구르며 입을 막고 신음했다. 응급실로 가야 할 형편이었다. 그러나 한밤중에 그것도 낯선 LA의 호텔방에서 뭘 어떻게 해야 한단 말인가. 어제 너무 무리한 여행에, 이것저것 서로 궁합도 맞지 않는 음식들을 매우 어색한 분위기에서 먹다 보니 생긴 급체라고 생각했다. 허리 옆구리 뒤쪽이 끊어질 듯 아프고 속은 꽉 막혀 있는 것 같았고, 숨 쉬기가 어려웠다. 어디 연락할 데도 없고, 때는 한밤중이고, 정말 눈앞이 깜깜했다. 동료에게는 도저히 함께 공항에 갈 수 없으니 먼저 가라고 한 후, 다시 두 시간의 여유를 갖고 사태를 수습하려고 했다. 그렇지만 계속되는 심한 통증으로 침대를 마루 삼아 데굴거리며 굴러다녀야만 했다. '혹시 여기서 객사하는 거 아냐? 안 되지, 그럴 수 없어. 죽어도 집에 가서 죽어야지!' 스스로 다짐했다.

나는 의료보험도 없는 상태에서 미국을 방문 중이었고, 그렇게 응급실에 가면 비용은 천문학적이라는 것을 익히 알고 있었다. 가까스로 몸을 추스른 후에 호텔 전화로 차량을 예약했다. 택시는 공항까지 편도가 81달러, 15인승 미니셔틀은 31달러란다. 미니밴을 타고 공항까지 가기로 했다. "죽어도 집에 가서 죽자!" 배를 움켜잡은 채로 호텔 문을 나와 예약한 미니밴이 도착하기를 기다렸다.

8시가 되자 저만치 차가 오는 것이 보였다. 운전사는 중국계였다. 문을 열어주는데 앞줄에 중국인처럼 생긴 여성 2명이

멍하니 나를 쳐다보고 있었고, 그다음 줄은 베트남계 사람 2명이, 그리고 내가 앉을 마지막 뒷줄에는 하와이 원주민처럼 보이는 사람이 무덤덤하게 앉아 있었다. 차에 몸을 실었다. 15인승 미니밴은 토요일의 조용한 아침 캘리포니아의 고속도로를 널뛰듯 달렸다. 뒷자리에 엉거주춤하게 앉아 허리를 뒤로 젖히고 옆구리 배를 움켜잡고 앉은 나는, 마치 진통하는 여인이 동아줄을 잡고 신음하고 고통하듯 창문에 붙어 있는 안전벨트를 틀어잡고 신음을 거듭했다. 마치 널뛰며 달리는 차에 화답하듯 그렇게 신음했다. 운전사가 괴물처럼 보였다. 사실 싸구려 미니밴이었기 때문에 어쩔 수 없는 진동이지만, 적어도 지금만큼은 "너 한번 엿먹어봐라!" 하며 작심이라도 한 듯 보였다. 1시간 이상 달리는 차 안에서 이런저런 생각이 다 떠올랐다. '이러다 일이 잘못되면 어쩌지? 장에 이상이 있는 것일까?'

고등학교 시절 남의 집에 얹혀산 적이 있었다. 어느 추운 겨울밤 그 집의 차디찬 윗방에서 자다가 새벽 2시에 깨었었다. 끙끙거리며 신음했지만 혹시 아저씨 아줌마를 깨울까 봐 아픈 내색을 하지 못하다가 복통이 너무 심해 아주머니를 불렀다. 알았다고 하시더니 새벽기도회에 가셨다. 돌아오실 때 교회 여전도사 아들이 용한 침쟁이라고 데리고 왔다. 얼굴을 보니 왠지 신뢰가 가진 않았지만 그래도 명색이 '전도사님' 아들이라 하니 믿었다. 아니 믿을 수밖에 없었다. 이리저리 배를 만지더니 온갖 침을 이곳저곳에 찔러댔다. 계속 통증을 호소하자 마지막에는 15센티 이상 되는 대침을 내 명치 한가운데 꽂고는 살금살금 돌리는 것이었다. "아이고!" 비명을 질렀지만 그는 급체라는 것이었다. 얼마 후에는 괜찮아질 것이라는 말을 하고는 떠났다. 배가 터지는 듯한 고통은 계속되었다. 걱정스러운 눈으로 쳐다보시던 아주머니가 택시를 불렀다. 동네 의원으로 갔다. 알고 보니 맹장이 터진 것이었다. 맹장염의 고통을 급체로 알고 대침을 찔러댄 그 돌팔이가 지금 생각나는 것은 웬일일까?

혹시 복막염? 늑막염? 알고 있는 병명을 다 떠올려보았다. 하지만 그게 무슨 소용이 있겠는가? 지금 당장 아파 죽겠는데 말이다. 공항에 도착한 후로 거의 정신을 잃었다. 검색대를 통과하고 비행기 탑승구를 간신히 찾아갔지만 아직도 1시간 이상을 더 기다려야 했다. 사람 다니는 통로에 드러누웠다. 죽어가는데 뭔 체면이람? 그래도 체면은 지켜야지 하고 다시 일어나 구석진 곳에 누웠다. 들고 다니는 짐 보따리와 컴퓨터는 천근만근이었다. '공항에서 911을 불러 응급실로 가야 할까? 아니면 죽어도 집으로 가다가 죽을까?' 집이 뭐길래 이토록 집착하는 걸까?

미국 공항은 여름철 냉방시설이 너무 과도했다. 심한 오한과 고열이 사이좋게 교대해 가며 나타나는 나에게 공항의 냉방은 무서운 고문실 같았다. 공항 구내 간이매점에서 소화제를 사서 먹었다. '급체'가 가라앉을 줄 알고 말이다. 허리 뒤쪽으로 심한 통증이 오는데, 마치 내장 안에서 뭔가 터지고 있는 것처럼 느껴졌다. 그러나 나중에 알고 보니 사이비 진단이었다. 그것도 모른 채로 휴스턴까지 지옥행 비행기를 탔던 것이다.

다시 내려 3시간을 옆구리 배를 움켜잡은 채로 공항 한쪽 모퉁이에 누웠다. 창문 밖으로 청명한 여름 하늘이 눈에 들어왔다. "아무도 모르는 낯선 공항에서 죽을 수는 없지!" 단단히 마음먹었다. 죽어도 집에 가서 죽으리라! 그런 혼미한 상황에서도 '도대체 집이란 무엇일까? 어디가 집인가?' 하는 엉뚱한 질문이 반복적으로 내 머리에 떠올랐다. 마침내 집으로 가는 비행기에 몸을 실었다. 또 다른 3시간의 야간 비행이었다. 이번에는 지옥의 심장부에 갔다 오는 경험이었다. 그래도 비행기 창문 밖으로 내려다보이는 시카고의 야경은 환상적이었다. '이제 1시간 정도만 견디면 구원을 얻을 것이야!' 스스로 구원의 확신을 암송했다. 성경 어디엔가 있는 이 구절을 나는 좋아한다. "끝까지 견디는 자는 구원을 얻으리로다!" 아멘. 할렐루야!

40여 명 정도를 태운 소형 비행기가 공항 활주로에 터치다운하는 것이 느껴졌다. 다시금 배와 허리춤을 움켜잡았다. 미국의 저명한 인권 운동가이며 노벨 평화상 수상자인 마르틴 루터 킹 목사의 유명한 연설, 〈나에겐 꿈이 있습니다〉 가운데 나오는 한 문구가 떠올랐다. "Free at Last!"("마침내 자유를 얻었습니다!") 집에 도착하면서 나는 비로소 자유를 얻었다. 세상 어디에서도 찾을 수 없는 평온과 안식 말이다.

물론 육체적 고통은 계속되었다. 밤 12시였다. 진통제를 좀

과다하게 먹은 후 잠이 들었다. 새벽녘에 잠이 깨었다. 통증이 다시 시작되었다. 아침 녘에 아내는 응급실로 가자고 보채었다. 나는 견뎌 보겠다고 고집을 부렸다. 진통제로 견디다가 귀국하여 한국에서 치료를 받겠다고 고집을 부렸으나 아내 등쌀에 떠밀려 차를 탔다. 손님 석에 길게 누운 상태로 아내가 나를 병원 응급실로 데리고 갔다. 진통제 덕분에 통증은 많이 가라앉은 편이었다.

미국 생활 30년 만에 처음으로 미국 대형병원 입원실에 누워 있었다. 독실이었다. 한국과는 비교가 안 될 정도로 조용하고 평화로웠다. 아내와 나는 모처럼 단둘이서 오붓한 기다림의 시간을 가졌다. 혈액검사를 하고, 수액을 맺고 혈압을 쟀다. 증상에 대해 말해보라는 간호사와 담당 일직 의사의 질문에 이런저런 농담을 할 정도로 여유를 회복했다. 급체한 것 같은데 허리 옆구리 뒤쪽에 통증이 있다고 대답했다. 자주는 아니더라도 몇 년에 한 번 정도는 이처럼 호젓하고 조용한 병실에 누워 있으면 좋겠다고 농담도 건넸다.

CT 촬영을 한 후 결과를 기다리는데 좀 시간이 걸렸다. 조용한 병실에 누워 아내와 이런저런 말을 주고받다가 이렇게 말했다. "내가 죽는다면 당신 결혼 할 거야 안 할 거야?" 아픈 와중에 농담하는 나를 보고 기가 막혔는지 아내가 "안 할 테니 걱정하지 마세요. 빨리 나을 생각이나 하지 뭔 이상한 소릴!" 하고 입을 막는다. 다시 물었다. "왜 당신이 다시 결혼해서는 안 되는 줄 알아?" 기가 찼는지 "당연한 것 아녜요?" 하고 아내가 퉁명스럽게 받아친다. "아냐! 당신이 결혼해서는 안 되는 이유가 있으니 들어보시게나." "뭔데요?"

조금은 궁금했던지 앉아 있던 의자를 침상 가까이 바짝 당겨 앉는다. 뜸을 들이며 침을 삼켰다. "뭔데요? 왜 내가 결혼하면 안 되냐고요?" "으흠, 아니… 30년 동안 한 남자 속을 그만큼 썩였으면 됐지 또 다른 사람 속을 왜 썩이려고 해!" 기가 막혔는지 아내는 가만히 있었다. 그러나 그것은 반격을 위한 기다림이었다. 곧이어 "아이고 영감, 내가 한 남자 때문에 그렇게 속을 썩였는데 또 다른 남자 때문에 그 짓을 다시 할까 봐요!" 우리 대결은 나의 완패로 끝났다.

웃고 있는데 의사가 들어왔다. "심한 탈수 현상에 신장결석이 왔군요!" 나는 이날 생전 처음 콩팥(신장)이 허리 옆구리 양쪽 등에 붙어 있다는 것을 알았다! 위대한 발견이었다. 도대체 중고등학교 시절 생물 시간에 뭐한 거야? 왜 내가 뒤쪽 옆구리를 붙잡고 뒹굴었는지 그제야 알게 되었다. 응급실에서 4시간을 보낸 후에 귀가했다. 가장 강력한 진통제를 처방받았고, 물을 한없이 마시라는 의사의 충고를 받아들고 집으로 향했다. 물을 잘 안 마시기로 유명한 나는 그 후 이틀 동안 평생 마신 물의 양보다 더 많은 물을 마셨다. 하나님께서 지난 며칠 동안 나를 엄청나게 '물 먹이신' 것이다! 오호라, 익사 직전이었다.

사실 "물 먹이시는 하나님"이란 주제는 평소 내가 좋아하는 익살스러운 신학 주제다. 원래 세례란 "물속에 빠져 물을 진탕 먹고 죽는 일이다"라고 나는 말한다. 하나님은 우리가 물에 빠져 죽기를 그렇게도 바라시지만 우리는 뺀들뺀들하여 결코 물에 빠져 죽지 않는다. 우리는 수영을 참 잘하는 종자들이다. 프레드릭 비크너가 "아담은 탁월한 수영선수입니다"라고 한 것은 매우 통쾌하고 적절한 표현이다. 우리의 옛 성품은 잘 안 죽는다. 아무리 하나님이 우리를 물 먹이셔도 우리는 잘 헤엄쳐 물 바깥으로 나온다. 그러나 제2의 아담으로 오신 예수님은 맥주병이시다. 그는 기꺼이 죽음의 세례를 받으셨다. 죽음의 물속으로 들어가셨다. 우리 죄와 잘못들과 옛 성품을 물속으로 가지고 들어가셔서 익사하셨다. 그리고 하나님은 그에게 새 생명을 주시어 물속에서 올라오게 하셨다. 홍해에서 애굽의 노예들이었던 이스라엘을 익사시키시고 다시 새 민족으로 탄생하게 하신 하나님은 지금도 그런 사역을 계속하신다.

　문제는 우리가 기꺼이 물을 마시겠는가 하는 것이다. 하나님께서 이런저런 일로 우리에게 물 먹이시면 그저 꼴깍거리며 마셔야 하지 않을까? 그날도 벌써 10리터 정도의 물을 마셨다. 무더운 여름철에 물 마시는 연습을 해두어야겠다. 언젠가 하나님께서 다시 물 먹이실 때 솜씨 좋게 들이킬 수 있는 역량을 길러야겠다. 할렐루야!

죽음, 아버지의 품속에
안기는 일

얼마 전 어머니를 여의었습니다. 일찍 혼자되시고 51년 동안 나와 함께 사셨던 어머니였습니다. 그래서 그런지 여간 상실감이 큰 것이 아닙니다. 병원에 계시는 동안 죽음과 삶의 경계선을 오락가락하는 노인들을 자주 봤습니다. 요즘 그 어느 때보다 죽음과 그 후의 삶에 관해 생각하는 시간이 많아졌습니다. 나 역시 나이를 들다 보니 연식이 오래된 기계처럼 여기저기 자그마한 고장이 납니다. 살아갈 날이 살아온 날보다 많지 않다는 것을 기억합니다. 어느 현자의 말이 불현듯 와닿습니다. "인생은 아침에는 싱싱하게 피었다가도 저녁이면 시들어 마르는 풀잎이옵니다. 기껏해야 칠십 년, 근력이 좋아야 팔십 년, 그나마 대부분이 고생과 슬픔에 젖은 것, 날아가듯 덧없이 사라지고 맙니다." 그리고 그는 이렇게 하나님께 간구합니다. "우리에게 날수를 제대로 헤아릴 줄 알게 하시고 우리 마음이 지혜에 이르게 하소서"시 90:6, 10, 12.

구약에선 "풍진 세상"에 관해 말합니다. '풍진'風塵은 바람風과 먼지塵를 가리키는데, "바람에 휘날리는 티끌"이라는 뜻입니다. 사람은 먼지와 티끌로 지음받았기에 하나님이 한번 훅 바람이라도 보내시면 자취도 없이 사라지는 무가치한 존재입니다. 그러니 바람 불어 먼지 가득 이 풍진 세상에서 살아가는 일이 얼마나 고단하고 힘들겠습니까? 게다가 한곳에 머무를 수 없는 방랑자 신세니 그저 안타까울 뿐입니다. 그러나 바람 속에서도 길을 잃지 않고 잘 걸어갈 수만 있다면, 그나마 주어진 삶을 낭비하지 않고 알차게 살 수만 있다면, 그는 아주 잘 사는 사람, 지혜로운 사람입니다.

에덴에서 추방당해 방랑자 신세가 되었던 가인을 기억하시지요? 그가 하나님의 낯을 피해 살게 된 동네 이름이 에덴의 동쪽 "놋"이었습니다. 놋은 '유랑', '방랑'이라는 뜻인데, 하나님을 떠난 인류의 현주소를 보여줍니다. 그러나 신앙인들은 방랑자, 유랑자라는 말 대신 '순례자'pilgrim라는 용어를 사용합니다. 순례의 길 끝엔 본향 집이 있다고 믿기 때문입니다. 여러분도 그렇고 저도 그렇습니다.

그렇다면 "풍진 세상"에서 하늘 소망을 갖고 산다는 게 무슨 의미일까요? 분명 하늘에 본향 집이 있다는 뜻이겠죠. 하늘에 간다는 소망은요? 천국(하늘나라)에 간다고 하는데 정말일까요? 요즘 신학자들은 하늘나라에 간다는 말은 신학적으로 정확한 말이 아니라고 합니다. 하늘나라는 '오는' 것이지 가는 것이 아니라고 주장합니다. 물론 그 주장이 틀린 것은 아니지만 정답도 아닙니다. 죽으면 하늘에 간다는 소박한 신앙을 무시하거나 가볍게 여겨서는 안 됩니다. 나 역시 죽으면 분명 하늘나라에 '간다'고 믿습니다. 하늘에 간다는 것을 믿지 않는 사람보다 하늘에 간다는 것을 믿는 사람이 훨씬 성경적이라고 생각합니다. 문제는 어떤 의미에서 그런가 하는 것입니다. 여기에 좋은 예화가 있어서 소개하려고 합니다.

가정집과 사무실이 붙어 있는 건물에서 환자를 보는 의사가 있었습니다. 의사는 덩치 큰 애완견 한 마리를 두고 있었는데, 사무실 문이 열려 있어도 절대로 사무실 안으로 들어오지 않도록 훈련된 개였습니다.

어느 날 죽음이 임박한 환자 한 분이 의사를 보러 찾아왔습니다. 두 사람 모두 그리스도인이었기 때문에 어느덧 대화는 이생 이후에 관한 이야기로 흘러갔습니다. 환자는 약간의 두려움을 드러내면서 "저 위가 어떤지는 모르겠는데요"라고 말끝을 흐렸습니다.

"나도 마찬가지예요." 의사가 말했습니다. 그런데 적절한 아이디어가 떠올랐습니다. "제게 개 한 마리가 있습니다, 하지만 사무실 문이 열려 있어도 절대로 문지방을 넘어 이리로 오지 않습니다. 그렇게 훈련받았기 때문이죠. 자, 제가 이제 그 개를 부르겠습니다."

의사는 의자에서 일어나 앞으로 걸어가 사무실 문을 열었습니다. 그러고는 책상에 돌아와 의자에 앉았습니다. 개는 문지방 너머 바닥에 턱을 고이고 엎드려 있었습니다. 의사는 개를 불렀습니다. 불러도 들어오지 않습니다. 그렇게 훈련받았으니까요. 두 번 세 번 계속 불렀습니다. 문지방 너머로 들어오라고 시늉해가며 불렀습니다. 그러자 개는 더는 거부할 수 없었는지 꼬리를 치면서 펄쩍 뛰어왔습니다. 기쁘게 주인의 무릎에 안깁니다.

의사가 환자를 쳐다보며 말합니다. "그리스도인에게 죽음이란 이와 같습니다. 죽는 것은 우리가 한 번도 가보지 않았던 곳에 가는 것입니다. 그러나 주인Master이 그곳에 계시기 때문에 두렵지 않습니다. 모든 것이 괜찮을 것입니다."

그렇습니다. 하늘에 '가는' 것은 주인의 품에 안기는 것입니다. 그분이 부를 때 내가 한 번도 가본 적 없는 그곳에, 그분 음성에 내 인생 전부를 의지하고 가는 곳이 하늘 아버지 품이며, 주인의 집입니다. 그곳이 하늘이며 천국이며 내 소망의 목적지입니다. 이러한 하늘 소망을 품고 있는 사람은 복 있는 사람입니다. 이 풍진 세상에서 우리 시선을 고정해야 할 곳이 바로 하늘Heaven입니다.

믿음으로 사는 자는 하늘 위로를 받습니다. 무슨 일을 당해도 우리의 구원자 예수 그리스도를 신뢰합시다. 어머니의 태에서부터 무덤에 이르기까지, 무덤을 넘어 영원에 이르기까지 나를 인도하시어 아버지 품에 안기게 하실 예수 그리스도를 신뢰하고 사랑하십시다. 우리 영혼을 그분께 의탁하십시다. 지금부터 영원까지.

인생의 갓길을 만나거든
갓God길을 기대하라

　개인적으로 찬송을 부르고 듣는 것을 좋아한다. 그러다 보니 찬송 중에 렘브란트적인 명암 대조로 '평안과 걱정'을 노래하는 찬송이 꽤 많다는 사실을 자연스레 알게 되었다. 그리고 그 사실에 적잖이 놀랐다.

　이 세상에 근심된 일이 많고 참 평안을 몰랐구나
　이 세상에 곤고한 일이 많고 참 쉬는 날 없었구나
　이 세상에 죄악 된 일이 많고 참 죽을 일 쌓였구나
　내 주 예수 날 오라 부르시니(사랑하시오니, 건져주시오니)
　곧 평안히 쉬리로다. (찬송가 486장)

곤고하고 근심, 걱정 많은 삶에 평안이 없음을 노래하는 찬송이다. 우리가 즐겨 부르는 또 다른 찬송은 이렇게 탄식한다. "시험, 걱정, 모든 괴롬 없는 사람 누군가? 근심, 걱정, 무거운 짐 아니진 자 누군가?" 그리고 이어 "피난처는 우리 예수, 주께 기도드리세"라고 권한다(369장). 한 시인도 "날마다 우리 짐을 지시는 주 곧 우리의 구원이신 하나님을 찬송할지로다"시 68:19라고 노래하는 것을 보니, 그 역시 어깨를 짓누르는 짐 때문에 고통스러워하고 있었나 보다. 그렇게 우리에게는 영적·정신적 짐들, 육체적 질병이나 고통들, 또한 생계에 대한 부담들과 가정의 짐들, 더 나아가 교회·사회·국가적 짐들 그리고 각종 관계로부터 오는 무거운 짐이 있다. 이 모든 것은 우리의 만성 두통거리들이다. 주름살의 골만큼 걱정과 근심의 골 역시 깊어만 간다. 이 가운데서 우리가 어떻게 평안을 노래할 수 있을까?

찬송가의 상당 부분이 탄식조라는 사실을 발견하고 놀란다. 예를 들어, "내 주를 가까이하려 함은 십자가 짐 같은 고생이나", "인애하신 구세주여, 내 말 들으사 죄인 오라 하실 때 날 부르소서", "무거운 짐을 나 홀로 지고 견디다 못해 쓰러질 때." 이것은 우연이 아니다. 게다가 상당수 시편 역시 탄식시이다. 사람들은 질병, 고통, 소외, 죽음과 같은 비극에 직면할 때 탄식한다. 아니, 그런 일을 만나지 않더라도 사람들은 불확실한 미래를 걱정하며 두려워한다.

그러나 이런 일들을 경험하면서도 하나님의 신실하심에

대한 믿음을 잃지 않고 오히려 하늘의 평안을 노래하는 사람들도 있다. 그중 하나가 찬송가 413장이다. 내가 이 찬송을 좋아하는 이유는 개인적인 신앙고백이 이 안에 반영되어 있기 때문이다. 한글 번역에는 정확하게 반영되지 않았지만, 원 가사를 잘 살려보면 1절에는 다음과 같은 고백이 들어 있다.

> 내 평생에 가는 길 순탄하여 늘 잔잔한 강 같든지
> 슬픔이 큰 풍파처럼 소용돌이쳐 밀어닥치든지
> 하늘이 내게 준 삶의 몫이 어떠하든지
> 주님은 내게 이렇게 말하라고 가르치셨습니다.
> (후렴) "평안해. 평안해, 내 영혼아!"

사망의 음침한 골짜기를 걸어가 본 사람이라면, 그것이 불치의 병으로 고통받으며 죽음의 문턱에서 절규하는 여인이든 혹은 경제적 파산으로 축 처진 어깨를 추스를 수조차 없어 내일 아침 햇살 보기를 거절하는 중년 남자든, 혹은 십 대 자녀의 탈선과 방황으로 수많은 밤을 애타게 보내는 부모이든 간에, 이 찬송의 후렴을 확신 있게 부른다는 것이 얼마나 어려운지 안다. 누가 이 찬송 가사처럼 "내 영혼 평안해. 내 영혼, 내 영혼 평안해!"라고 말할 수 있단 말인가?

그럼에도 그렇게 고백한 사람들이 있다. 이 찬송가의 작사자가 그중 하나다. 그는 자기가 그렇게 말할 수 있는 이유를 분명히 밝힌다. 한글 번역에는 나타나 있지 않지만 원문에는 그 이유가 명시되어 있다. "주님께서 나에게 그렇게 말하라고 가르치셨기 때문입니다!" 이 얼마나 멋진 말인가! 주님이 나를 붙들고 있으니 걱정하지 말라고 하나님께서 가르치셨기 때문에, 그 가르침에 의지하여 확신 있게 나 자신에게 "괜찮아. 괜찮아, 내 영혼아!"라고 말할 수 있다는 것이다. 얼마나 멋진 고백인가! 그런데 이런 고백을 한 작사자에게는 그럴 만한 애달프고 깊은 사연이 있었다.

호레시오 게이츠 스팻포드Horatio Gates Spafford는 시카고의 변호사였다. 부지런히 일하여 그곳에서 많은 재산을 쌓았다. 그러나 1871년 시카고에 대大화재가 발생하여 모든 것을 잃는다. 그런 와중에도 시카고시 복원을 위해 그는 자신이 할 수 있는 일을 다 한다. 가난한 사람, 집 잃은 사람들을 구제했고 그들의 재활을 위해 헌신했다. 하지만 설상가상으로 그해에 그는 급성 전염성 피부 질환인 성홍열scarlet fever, 猩紅熱로 (1남 4녀 중) 첫아들을 잃는다.

첫아들과 전 재산을 잃은 호레시오는 2년 후 1873년 추운 겨울 11월에 아내와 네 딸을 데리고 영국으로 가기로 작정한다. 그러다 시카고에서 급히 처리할 일이 생겨 아내와 네 딸만 먼저 보내고 나중에 합류하기로 한다. 그들은 대형 프랑스 여객선을 타고 대서양을 건너 영국으로 떠난다. 하지만 배가 떠난 지 얼마 되지 않아 급한 전보 한 장을 받는다. 아내 애나Anna에게서 온 전보였다.

전보에는 단 두 마디만 적혀 있었다.

"Saved Alone."(혼자 살았음.)

여객선이 바다 한가운데서 대형 화물선과 충돌하여 바다에 침몰한 대형 사고로 딸 넷은 모두 죽고 자기 홀로 살아남은 것이었다.

사고가 난 지 한 달 후 그와 아내는 다시 배를 타고 영국으로 간다. 항해가 시작된 지 얼마 되지 않아 선장은 기내 방송을 통해 지금 1개월 전에 사고가 난 바로 그 지역을 지나고 있다고 했다. 그날 밤 호레시오는 잠을 이룰 수 없었다. 자기에게 찾아온 불행과 재앙들, 잃어버린 다섯 자녀들 생각에 밤잠을 이룰 수 없었다. 그런데 그때 마음속 깊은 곳 어디선가 하나님을 향한 형언할 수 없는 신뢰와 확신이 솟구쳐 오르기 시작했다. "내 영혼 평안하다. 하나님의 뜻이 이루어지이다!" 이런 고백이 입속에서 흘러나오기 시작한 것이다. 두 손을 불끈 쥐고 그는 이렇게 중얼거렸다. "내 영혼아, 괜찮아. 괜찮아."

부부는 3년 뒤인 1876년에 다시 아들을 낳았다. 그러나 그도 4살이 되어 죽는다. 2년 후인 1878년에 그들은 벌사Bertha라고 이름 지은, 또 다른 아이를 낳는다. 이 아이가 자라서, 후에 이 모든 이야기를 우리에게 전해준 것이다.

호레시오와 애나는 모두 6명의 자녀를 잃었다. 그러고도 그들은 계속 "내 영혼 평안해. 평안해"It is well with my soul라고 노래했다. 얼마나 눈물겹고 장엄한 간증인지! 1876년에 블리스P. P. Bliss는 이 구절에 곡을 붙였으며, 그 후로 전 세계의 많은 그리스도인이 끊임없이 애창하는 찬송 중 하나가 되었다. 어느 경건한 할머니는 딸에게 자기 장례식에 이 찬송을 꼭 불러달라고 했다. 그럴 만한 충분한 이유가 있다. 나머지 절들을 직접 번역하자면 이렇다.

사탄이 우리를 삼킨다 해도, 수많은 고난이 닥친다 해도
우리에겐 흔들리지 않는 복된 확신이 있도다
내가 애쓴다 해도 아무 쓸모 없다네
그리스도의 보혈만이 나를 구원하실 수 있으니!

오, 내 죄여, 아니, 이 얼마나 영광스러운 생각인가!
내 모든 죄 십자가에 못 박혔으니 더는 짊어지지 않으리!
주님을 찬양하라. 내 영혼아, 주님을 찬양하라!

주님, 주님 오시는 날 급히 이를 때
구름이 두루마리처럼 공중에 펴질 때
나팔 소리 울리며 주님 강림하실 때
그때도 내 영혼 평안해!

환난과 고통 중에서 두 손을 불끈 쥐고 평안을 노래하는 이 찬송과 잘 어울리는 구약 본문들은 상당히 많다. 그 본문 속 신앙인들은 아마 이런 확신의 노래를 불렀으리라. "내가 사망의 음침한 골짜기로 다닐지라도 해를 두려워하지 않을 것은… 주의 지팡이와 막대기가 나를 안위하시나이다 … 내 평생에 선

하심과 인자하심이 반드시 나를 따르리니 내가 여호와의 집에 영원히 살리로다"시 23:4, 6.

구약 성경에 등장하는 인물 치고 걱정, 근심 없이 평안하게 살았던 사람은 아무도 없다. 그들의 삶을 자세히 들여다보면 걱정과 근심이 씨줄과 날줄이 되어 개인적 삶과 나라와 민족의 삶을 엮어갔다. 그러므로 평안과 걱정은 언제나 짝꿍 단어다. 평안할 때도 걱정스럽고 걱정스러울 때도 평안하다. 삶이란 언제나 이런 방식으로 진행된다. 온전한 평안 혹은 온전한 걱정이란 있을 수 없다.

우리가 평안이나 근심, 걱정이라는 말을 사용할 때는 개인과 가족 차원에서 말하는 경우가 많다. 속 썩이는 자녀 때문에, 부부지간이나 고부간 갈등 문제로, 재정적인 위기가 닥쳐왔을 때, 건강에 위험 신호가 왔을 때 사람들은 근심하고 걱정한다. 가정에 행복이 있고, 형제자매가 우애하고, 모든 가족 구성원이 활기차고, 자녀들이나 남편이 좋은 직장을 얻고, 건강검진 결과가 모두 좋은 상태를 나타낸다면 개인이나 가정에는 평안이 있다고 본다.

개인·가정적 평안을 넘어 사회·국가적 평안도 있다. 이념 간 갈등도 없고 빈부 차이도 적고 노력한 만큼 대가도 얻는 공정한 사회인 데다, 서로 배려하고 경제 상황도 좋고 천재지변도 없고, 이웃 나라와 평화롭게 지낼 수 있다면 평안하다고 한다. 달리 말해, '평안'well-being이란 개념은 개인을 넘어 사회와 국가적 차원에서 온 피조물이 공존하는 샬롬의 상태다. 히브리어 '샬롬'은 단순히 전쟁과 분쟁이 없는 상태만 말하는 소극적 개념이 아니다. 피조세계 전체가 하나님이 창조하신 의도에 맞게 움직여갈 때 찾아오는 하나님의 선물이며 동시에 인간 노력의 대가다.

이런 의미에서 '평안'을 단순히 개인 차원이나 심리 차원으로만 한정해서는 안 된다. 앞서 말했듯 신약을 포함하여 성경 전체가 말하는 평안은 매우 포괄적인 개념이다. 원래 샬롬은 '가득하다', '풍성하다', '넉넉하다', '모자람 없다'는 의미의 단어다. 보통 '평화', '평안'으로 번역하지만 '번성', '번영'으로도 옮길 수 있다. 영육 간에 건강할 때, 나라가 강성하고 번영할 때, 온 피조세계가 자신에게 부여된 신적 임무를 성실하게 수행할 때 오는 풍요와 번영과 즐거움을 히브리적으로 '샬롬'이라고 부른다. 이런 세계가 진정으로 자유로움을 누리는 곳이다.

삶의 평안과 안녕을 해치는 치명적인 바이러스가 있다면 걱정과 근심일 것이다. 걱정과 근심은 좀과 같아 영혼을 갉아먹는다. 영혼을 쇠잔하게 만든다. 사실 세상 사는 동안 평안한 날보다 바람 불며 비 내리는 궂은 날이 훨씬 많다. 에덴동산에서 쫓겨난 첫 조상과 그의 후손들은 에덴 동편에 머물면서 미움과 살인, 반항과 분쟁으로 얼룩진 삶을 살고 있다. 화목하고 사이좋게 사는 일보다 나누고 분리하고 분쟁하고 담 쌓는 일에 능숙한 기술자들이 되어갔다.

생각해보면 걱정과 근심만 없다면 세상은 얼마나 살기 좋은 낙원일까? 이미 예수께서도 "너희는 무엇을 먹을까 무엇을 마실까 무엇을 입을까 걱정하지 말라. 이것은 모두 이방인들이 구하는 것"마 6:25이라고 하셨다. 그럼에도 우리는 늘 이런 것—의식주, 사회적 신분, 물질과 권력과 명예—에 집착함으로써 스스로 하나님 백성이기를 포기한 듯 살아간다.

하나님이 지름길을 택하지 않은 이유

우리는 자유인들이다. 자유를 향하여 부르심받은 자들이다. 모든 얽매이기 쉬운 죄들과 무거운 근심, 걱정에서 자유로워야 하는 사람들이다. 무엇인가에 종노릇하는 노예 생활에서 벗어난 사람들이다. 출애굽 이야기는 진정한 자유로 가는 길이 얼마나 험한지를 잘 보여주는 대표적인 모형론적 이야기다.

하나님께서 노예 생활을 하던 자기 백성의 부르짖음을 들으시고, 모세를 통하여 그들을 이끌어 내 홍해의 물을 가르시고 구출해내신 후, 시내산 밑자락에 도착했을 때 그들은 진정 자유인들이 되었는가? 진정 해방되었는가? 이 도망 나온 노예들은 홍해를 통과한 후 지도자 모세가 '약속의 땅'으로 향하는 대로大路로 자기들을 인도할 것이라고 기대했다. 실제로 '블레셋의 길'The Way of the Philistines이라는 대로가 있었다. 지중해 연안을 따라 난 240킬로미터 길로 약속의 땅으로 가는 지름길이었다. 이 대로 주변에는 먹을 양식과 물이 풍부했다. 당시 국제무역을 하던 대상隊商들이 다녔던 길이었다. 애굽에서 나온 히브리인들이 이 길로 갔더라면 아마 몇 주 정도면 약속의 땅 가나안에 도착했을 것이라고 학자들은 추정한다.

그러나 하나님은 그런 지름길을 택하지 않으셨다. 대신 남쪽 길을 선택하셨다. 하나님께서 그들을 광야로 내몰았다고 하는 편이 맞을 것이다. 남쪽 길이란 시내 광야, 사막으로 들어가는 방향이었다. 물도 없고 먹을 양식도 없는 곳이었다. 무장한 베두인 유목민들이 사막을 지나는 행인을 강탈하는 일이 흔하게 일어나는 곳이다. 광야 생활 중에 그들은 자주 하나님을 대적하여 말하기를 "하나님께서 이 광야에 식탁을 베풀어주실 수 있을까?"시 78:19 하며 하늘을 향해 냉소적인 질문을 내뱉었다. 그러나 광야에서 그들은 비로소 하나님의 백성 됨이 무엇을 뜻하는지 온몸으로 경험해야 했다. 하나님께서 그들을 광야 학교에 입학시켜 신앙의 걸음마부터 배우도록 하신 것이다. 그곳에서 그들은 자신의 어깨 위로 내리누르는 인간 생존을 위한 기본 조건들, 즉 먹고사는 문제들이 하나님 백성에게 무엇을 의미하는지 새롭게 깨닫는 시간을 보내야 했다. 누가 목숨과 생명의 주인이며, 누가 생명을 보존하고 유지하게 하는지를 배우는 데 값비싼 수업료를 지불해야 했다.

그렇다. 남쪽으로 들어간다는 것은 위험천만한 죽음의 영역으로 들어간다는 의미였다. 히브리인들은 어떤 기분이었을까? 남쪽으로 방향을 틀어 광야 사막으로 들어간다는 소식을 들었을 때 그들은 어떤 생각을 했을까? 출애굽 한 직후 그들은 거리적으로 약속의 땅에서 아주 가까이 있었다. 몇 주 정도만 행진하면 도착할 수 있는 거리였다. 날씨가 좋은 날이라면 망원경으로도 볼 수 있는 지척이었다. 그렇다. 약속의 땅은 아주 가까이 보이는 곳에 있다. 우리가 꿈꾸는 이상과 생각 역시 대부분 그리 복잡하지 않다. 아주 가까이 있기 때문이다. 좋은 직장, 좋은 건강, 좋은 인간관계 등과 같은 약속의 땅에 이르기를 바란다. 자녀들은 모두 건강하고 잘 자라고 공부도 잘하고, 가정에는 근심 걱정 없는 그런 삶의 고원高原에 이르기를 꿈꾼다.

광야 길, 갓길과 우회 도로

그러나 어떤 이유인지 삶과 인생은 남쪽으로 방향을 틀고 있다! "아, 이건 아닌데!" "방향이 이쪽이 아닌데." "이리저리 부대끼며 떠내려가고 있어!" 아무리 앞을 향해 힘껏 노를 저어도 한 치도 앞으로 나가지 못하는 상황이다. '아아, 뒤로 떠내려가고 있어! 뒤쪽에 천 길 낭떠러지 폭포가 있는데! 이제는 끝장이야!'라는 생각이 들 때가 있다.

왜 하나님께서는 이런 광야 속으로 이끄실까? 우리가 하나님을 계속 따라간다면 반드시 놀랍고 장엄한 것을 발견하게 되기 때문이다. 그런데 놀랍고 장엄한 그 무엇은 궁극적으로 오직 '힘든 길'에서만 발견된다. 거기서 변혁과 변형과 변화가 일어난다.

광야 속에서 형태가 완전히 바뀌는 것이다. 미용적인 성형이 아니라 본질적인 정형整形이다. 구조와 틀 자체가 완전히 바뀌는 것이 정형적 변화다. 어디서 그런 일이 가능한가? 광야 길, 고단한 길, 힘든 길에서만 발견되는 놀라운 선물이다. 우리가 운전하다가 길을 잘못 들어 울퉁불퉁한 갓길로 가면 그 갓길이야말로 갓God길이다. 광야는 약속의 땅에 대한 막연한 생각으로 도망 나온 백성이 하나님과 동행하는 것을 배우며 신앙의 백성으로 '변형'되는 곳이다. 이것만이 자유에 이르는 유일한 길이다.

> 어려운 일 당할 때 나의 믿음 적으나
> 의지하는 내 주를 더욱 의지합니다
> 밝은 때에 노래와 어둘 때에 기도로
> 위태할 때 도움을 주께 간구합니다
> 세월 지나갈수록 의지할 것뿐일세
> 무슨 일을 당해도 예수 의지합니다. (찬송가 543장 1, 3절)

자유로自由路, 하나님과 동행하는 길

이런 이유로 십계명은 매우 중요한 서문序文, prologue으로 시작한다. "나는 너를 애굽 땅, 종 되었던 집에서 인도하여 낸 네 하나님 여호와니라"출 20:2. 달리 말해, 하나님은 우리에게 "내가 누구인지 기억하라! 내가 행한 일들을 기억하라. 내가 너희를 해방시켰다. 내가 너희를 자유의 몸이 되게 했다"라고 말씀하신다. 이 말씀은 그다음에 나오는 열 가지 계명을 올바로 이해할 수 있게 하는 해석학적 열쇠다. 달리 말해, 십계명을 올바른 관점에서 바라보게 하는 전망대다. 이 계명들은 하나님의 성품과 성격을 묘사한다. 우리가 믿고 의지하는 하나님은 해방하시는 하나님이시다. 우리를 위한 자유를 억압하거나 막는 그 어떤 것도 용납하지 않는 하나님이시다. 분명한 비참함과 불행을 보고도 그냥 넘어가거나 못 본 체하는, 그런 하나님이 아니시다.

우리가 싫어하는 직장에 매여 오가도 못하고 그저 꾸역꾸역 버틸 수밖에 없을 때, 돈만 아니라면 언제라도 훌훌 털어버리고 떠났으면 좋겠다는 생각이 들 때, 각종 인간관계에 딱 걸려 이러지도 저러지도 못하고 노예처럼 매여 있을 때, 하나님을 원망하거나 비난하지 말라. 사명도 없고 열정도 없고 희망도 없고 자유도 없는 삶에 익숙해져 그냥 그대로 살고 있다면, 하나님을 원망하거나 비난하지 말라. 하나님은 결코 우리를 그런 상태로 부르지 않으셨다.

이 광야 길을 걸어가면서 우리는 자유에 이르는 길이 무섭고 두렵고 수많은 위험으로 가득하다는 것을 알게 된다. 사막과 광야는 무서운 전갈들과 날짐승들이 숨어 있는 곳이기 때문이다. 더욱이 하나님은 우리가 끈으로 묶어둘 분이 아니므로, 또한 그분의 현존과 임재가 항상 분명하게 보이는 것도 아니므로 광야 여정은 언제나 힘들고 고단하다. 우리는 좀 더 다루기

쉽고 언제라도 부르면 오는 다른 신들이나 우상들을 곁에 두고 픈 유혹을 강하게 받는다. 대표적으로 출애굽 후 광야 시절에 있었던 비극적인 '황금 송아지' 사건이나 예수님의 40일 기도 기간이 이 사실을 극명하게 보여준다.

그러나 모든 우상은 우리를 다시 노예 상태로 끌어간다. 우리를 자유롭게 하리라 생각했던 우상들은 결국 우리를 속박할 것이다. 이런 이유로 하나님은 십계명을 이렇게 시작하신다. "너희는 내 앞에 다른 신들을 두지 말라!" 나를 속였던 우상들을 내버리라는 것이다. "비 오는 날을 위해 돈 한 푼이라도 더 쌓아야 해." 이렇게 아우성치는 게 우상들이다. 우리가 여러 해 섬겼지만 결코 우리를 자유롭게 하지 못했던 우상들 아닌가? 우상들은 행복에 이르는 지름길이 있다고 속삭인다. 그러나 우리를 다시 애굽으로 데리고 갔을 뿐이지 않은가?

우리가 있었으면 좋겠다고 생각한 그 무엇이 오히려 우리를 얽어매고 노예처럼 부린다. 자유는 하나님께서 우리를 인도하시도록 내맡기고 신뢰할 때 온다. 진정한 자유인은 이런 환상과 비전을 꿈꾸고 사랑하고 좋아한다.

삶을 예술적으로 산다는 것은 내가 누구인지를 아는 것이며,

누가 아닌지를 아는 것입니다.

내가 갖고 있는 것이 무엇인지를 알고,

내가 갖고 있지 않는 것이 무엇인지를 아는 것입니다.

또한, 내가 비록 한 달란트 사람이지만,

그 사실을 감사하면서 받아들이는 것입니다.

현재 상태 그대로를 받아들이면 빛과 생명으로 나아가겠지만

다른 사람과 비교한다면 결국 어둠 속으로 걸어 들어갈 수밖에 없습니다.

제 6 장

천국은 '가는, 것만은

아닙니다

두 명의 예수

예수라고 다 같은 예수는 아닙니다. 구원자라고 해서 다 구원자는 아닙니다. 예수(구원자)도 가지각색입니다. 당시에 유대 지방에는 '예수'라는 이름을 가진 사람이 많았습니다. 그중에도 가장 유명한 예수가 있었습니다. 그의 이름은 "예수 바라바"마 27:17였습니다. 이 "예수 바라바"는 당시 유대를 강점하고 있던 로마 제국에 대항하여 반란과 폭동에 가담한 인물로눅 23:19; 요 18:40, 유대인에게 영웅 대접을 받았습니다. 한글 성경은 그를 "강도"라고 부르지만, 실제로는 강도Robber가 아니라 로마군에 저항하는 반군Rebel 지도자였습니다. 그는 성중에서 일어난 민란과 살인으로 옥에 갇혔습니다 눅 23:19. 그는 자기 민족을 로마의 압제로부터 구출하겠다는 숭고한(?) 사명에 목숨을 건 사람이었습니다. 칼과 창을 가지고 무력으로 유다 민족을 구원하겠다고 생각했던 사람이었습니다.

한편 또 다른 예수도 있었습니다. "예수 그리스도"라는 분이었습니다. 유다 땅에 처음 등장했을 때, 그도 예수 바라바처럼 위험천만한 정치적인 선언을 했습니다. 그리고 자신에게 맡겨진 그 숭고한 사명을 죽도록 완수했습니다. 공적 사역의 첫 일성一聲으로 "하늘 왕국이 가까이 왔다. 너희들은 다 항복하라!"라고 외쳤습니다. 그는 처음부터 마지막까지 정치적 투사였습니다. 하나님의 왕국을 위해, 하늘 왕국의 도래를 위해 마지막 피 한 방울까지 다 바친 충성스러운 전사였습니다. 그는 자기 민족을 죄의 구렁텅이에서 구출하기 위해, 공중의 권세 잡은 마귀 왕국에 대항하고 전복하기 위해 하늘에서 투입된 전사였습니다.

빌라도의 고민

그러나 당시 로마 정부의 유다 총독인 빌라도의 우유부단한 입장 때문에 그분은 희생을 당합니다. 빌라도가 볼 때 두 명의 예수 가운데 "예수 바라바"는 매우 위험한 반면, "예수 그리스도"는 그렇게 위험한 인물이 아니었습니다. 그의 눈에는 기껏해야 종교적 광기에 사로잡힌 사교邪教 집단의 교주에 불과했습니다. 12명의 거룩한 거지들을 데리고 천하를 주유周遊하는 종교적 풍운아처럼 보였습니다. 그는 다른 예수(바라바)처럼 민중봉기를 주도하거나 무력으로 로마 정권을 무너뜨리는 일을 주도하지도 않았습니다. 그래서 빌라도는 두 예수 사이에 고민하게 된 것입니다. 유대인의 명절이 되면 군중의 청원대로 죄수 한 사람을 놓아주는 전례가 있었는데, 요즘 말로 국경일이 되면 대통령이 감옥에 갇힌 죄수들 가운데 얼마를 선택하여 특별 사면을 시행하는 경우입니다. 빌라도는 사면 결정을 하면서 두 예수 사이에서 갈등합니다. 예수 바라바인가? 예수 그리스도인가? 군중이 총독관사 앞에 모였을 때 던진 질문이 이런 빌라도의 고민을 잘 드러냅니다.

너희는 누구를 너희에게 놓아주기를 원하느냐? 바라바라 하는 예수냐? 그리스도라 하는 예수냐? _마 27:17

바라바 예수? 그리스도 예수?

어느 예수가 오늘날 우리 입맛에 맞는 예수인지, 고민하게 하는 질문입니다. 로마 제국이 자랑하는 최고의 명문 로마사관학교와 로마법학전문대학원에서 배운 대로 한다면 빌라도는 그리스도 예수를 사면해야만 했습니다. 빌라도는 유대인들의 시기로 예수가 재판에 회부되었다는 사실을 잘 알았습니다 마

27:18. 그러나 그는 민란을 두려워하고, 유대 민족에 대한 유화 정책과 자신의 출세를 연결하면서 바라바 예수를 사면합니다. 그는 어리석게도 최소한의 정의Justice를 옆으로 제쳐놓습니다. 이런 결정 때문에 그는 2천 년 이상 기독교회의 모든 신실한 그리스도인의 입에서 매 주일 아침 "예수 그리스도는 본디오 빌라도에게서 고난을 받으셨습니다"라는 고백에 등장하며 수치를 받고 있습니다.

그뿐 아니라 종교적 전통을 자랑하던 유대 군중 역시 당면한 정치사회적 압제에서 그들을 해방할 구원자로 바라바 예수를 선택했습니다. 그들에게 그리스도 예수의 꿈은 그야말로 망상처럼 아득하게 들렸을 것입니다. "죄", "하늘 왕국의 도래", "하나님 왕국", "회개", "항복", "전향"과 같은 예수의 용어들은 뜬구름 잡는 헛소리에 불과했습니다. 그들은 하늘 왕국이 우리가 사는 이 세상 속으로 돌입하고 있는 신적 실재divine reality인 것을 볼 수 없었던 영적 소경들이었습니다.

그렇습니다. 예수라고 다 예수는 아닙니다. 세상에는 "바라바 예수"도 있고 "그리스도 예수"도 있습니다. 상당히 많은 그리스도인이 아직도 이 두 예수 사이에서 서성거리며 갈등하고 있는지도 모릅니다. 잘못 내린 결정은 아주 치명적인 결과를 가져옵니다.

천국은 가는 게 아니라
오는 겁니다!

성경과 교리의 관계는 매우 오래된 신학적 주제입니다. 특별히 성경신학과 조직신학과의 관계에 관심을 보입니다. 아쉽게도 한국의 개신교회, 특별히 개혁 신학 전통의 장로교회는 16세기 종교개혁운동(실제로는 교회개혁운동)을 '이신칭의'以信稱義라는 신학적 구호로 축소 환원하는 경향을 보였으며 이러한 현상은 지금도 여전합니다. 그럼 "믿음으로 의롭다 함을 받는다"라는 구호가 잘못된 거란 말입니까? 그건 아닙니다. 100% 맞는 말입니다. 지금도 우리 신앙의 뼈대를 이룹니다. 그러나 이신칭의 교리가 성경 전체에서 가장 높은 독보적인 주봉일까요? 그건 아니라는 말입니다.

종교개혁운동은 하나님의 자기계시 원천이 오로지 성경에 있으므로 성경으로 돌아가자*ad fontes*(수원水源으로!)는 교회개혁운동이었습니다. 당시 가톨릭교회가 성경 이외에 다른 권위들을 말하자 종교개혁자들은 "아니오!"라고 강하게 부정했습니다. 이렇게 하여 종교개혁운동의 유산을 '성경중심'*Sola Scriptura*으로 남기게 된 것입니다.

사실을 말하자면 성경 전체를 통해 하나님께서 그의 백성—구약에선 이스라엘 민족 중심, 신약에선 교회공동체—에게 나타내려 하시는 뜻과 계획(경륜)은 이신칭의 교리보다 더 크고 포괄적입니다. 물론 다른 인간적 노력이나 공로를 쌓아 하나님의 자녀가 되는 것이 아니라 오직 하나님이 예수 그리스도를 통해 이루시고 베푸시는 구원의 은혜를 온전히 믿음으로만 받아들인다는 이신칭의 교리를 폄하하거나 왜곡하려는 것은 아닙니다. 그러나 성경의 광대한 가르침을 단순히 개인 차원의 이신칭의 교리로만 축소하거나 환원하려는 경향은 삼가야 한다는 말입니다.

게다가 이신칭의 교리에서 '오직 믿음'*sola fide*의 요소를 잘못 이해하여 이것이 앞뒤 가리지 않고 열정적으로 '믿으려고 애를 쓰는' 인간적 노력을 의미한다면, 이것이야말로 믿음 만능주의의 해악이 아닐 수 없습니다. 모름지기 한국 교회 안에는 믿음 만능주의가 저변에 깔려 있습니다. 특별히 1970년대부터 시작한 경제발전과 함께 "하면 된다!"라는 구호가 사회 전반에 퍼지면서 교회도 이와 비슷한 "[믿음으로 뭐든] 할 수 있다!"라는 식의 자기 주술형 구호 제창과 함께 교회의 양적 성장이라는 놀라운 성공을 이룬 것도 사실입니다. 그러나 기독교 신앙의 믿음과 긍정의 힘을 동일시하였던 경향은 부인하지 못할 것입니다. 게다가 믿음을 강조하는 목회자들의 외침이 '교회 일'을 열심히 하는 게 믿음이 좋다는 식으로 잘못 전개되어 평신도 안에서는 믿음이 천국 상급 규정의 척도나 심지어 행위 구원을 위한 도구로 생각되고 있다는 슬픈 현상을 부인할 수 없게 되었습니다.

믿음 강조 현상은 언제나 기복 신학적 천국관과 밀접하게 연관이 있습니다. 열심을 내어 교회 생활을 잘하는 신자들에겐 믿음이 있으면 천국에서 많은 상급을 받게 된다는 논리입니다. 여기서 '천국'은 죽어서 가는 장소를 말합니다. 그래서 일반적으로 사람들은 천국에 대해 말할 때 "천국에 간다", "천국에 가고 싶다"라는 말을 합니다. 그들에게 천국은 "가는 곳"입니다!

그러나 천국이 가는 곳일까요? 아닙니다! 성경 전체를 자세하게 보면 천국은 "가는 곳"이 아니라 "오고 있는 곳"입니다. 세례자 요한이 이 세상에 와서 한 최초의 말씀이 무엇이었으며, 메시아 예수께서 이 세상에 오셔서 하신 첫 마디는 또 무엇이었습니까? "회개하라, 천국이 가까이 왔다!"였습니다.

구약 성경에서 시작하여 신약 성경에 이르기까지 모두를 아우르는 성경의 핵심적 가르침은 "오고 있는 천국"에 관한 것입니다. 이 세상을 향해 돌입하고 있는 하나님 왕국, 하늘 왕국이 성경의 핵심 주제라는 말입니다. 여기서 하늘 왕국(천국)이나 하나님 왕국(나라)이나 같은 말입니다. 서로 다르지 않습니다. 예를 들어 마태복음은 구약에서 누누이 강조하는 하나님의 전 우주적인 통치와 다스림을 유대 독자들에게 가르쳐주기 위해 '천국'(하늘 왕국)이란 용어를 사용한 반면 다른 복음서는 이방인들에게 마태가 말하는 동일한 하나님의 통치와 다스림을 '하나님 왕국'(나라)이라는 용어를 사용하여 설명하고 있을 뿐입니다. 유대인들에게 '하늘'은 곧 '하나님'을 가리키는 대명사였기 때문입니다. 따라서 하늘 왕국(천국)은 곧 하나님 왕국과 동의어입니다.

이 하나님 왕국이, 즉 "정의와 공의의 하나님"이 우리가 살아가는 죄로 일그러지고 얼룩진 세상 속으로 오고 있다는 것입니다. 정의와 공의로 자신의 온 피조세계를 다스리길 바라시는 하나님께서, 그 다스림을 거절하고 배척하는 어둠의 세상 속으로 천군천사들을 대동하고 진군하여 오고 계시다는 말입니다. 달리 말해 하나님은 자기 세상이 정의와 공의 위에 세워지기를 바라십니다. 이 사실을 생각하고 구약 성경을 읽기 시작한다면 창세기부터 말라기까지의 구약의 역사 전체가 제대로 보이기 시작할 것입니다.

성경은 처음부터 마지막까지 하나님의 왕권Kingship과 그의 왕국Kingdom에 관한 이야기를 담고 있습니다. 이런 이야기는 하나님의 통치를 거절하고 인간의 야망으로 자기 왕국을 세우려는 이 세상과 대비하여 읽어야 합니다. 불의와 암흑, 분열과 교만, 욕망과 탐욕, 착취와 고통으로 점철된 악한 세대와 대비되는 하나님의 공의와 정의의 왕국이 세상 속으로 진입하여 들어오면서, 항복(회개와 전향)을 촉구하는 장엄한 나팔소리가 들려오는 곳이 성경입니다. 구약의 율법과 예언자들, 신약의 사도들과 제자들은 바로 이러한 장엄한 나팔수 역할을 한 사람들이었습니다. 교회 역시 하나님 왕국의 도래를 알리는 봉화산이며 이 세상 속에 투입된 하늘 왕국의 전초기지입니다.

하나님의 정의로운 왕국에 투항하고 그의 신민과 백성이 되기로 작정한 사람들은 세례식을 통해 새 왕에 대한 충성을 서약하고 신실하게 끝까지 왕과 왕국을 위해 목숨을 바칠 것을 선서합니다. 이것이 믿음의 본질입니다. 왕이신 하나님의 정의로우심과 신실하심에 즉각 반응하는 태도가 믿음인 것이지요. 변절(배도)하라는 유혹과 박해에도 하나님만이 자신의 유일한 주님이심을 고백하고, 그의 나라가 훈령으로 보내온 가치와 덕목들을 세상에서 구현해 나가는 사람들이 신앙의 사람들이며 언약 백성의 삶입니다.

그들의 삶은 전방위全方位적 유연성을 갖습니다. 하나님의 신실한 백성과 신민들로서 삶의 모든 방향과 국면에 책임감 있게 응답합니다. 그것이 소금의 역할, 빛의 역할, 다리의 역할, 화해의 전령 역할, 때론 용맹스러운 신앙의 전사 역할로 나타날 것입니다. 마치 트랜스포머처럼 다양한 모습으로 변화하면서 하나님의 왕국을 옹호하고 확장하고 전향자를 받아들이고 상처 입은 자들을 싸매고 약한 자들을 훈련하고 궁극적으로

이 땅 위에 하나님 왕국이 임하도록 애쓰는 것입니다. 시편의 한 문구처럼 "정의와 평화가 입을 맞출 때까지" 왕국의 일군들 Kingdom workers로서 당당하게 땀을 흘리는 것입니다.

교리를 위해 성경이 존재하는 것이 아니라 성경을 위해 교리가 존재합니다. 성경의 방대한 내러티브를 단순히 한두 가지 교리적 명제로 환원 축소하는 일에서 벗어났으면 합니다. 장엄하고 풍성한 큰 그림(하나님 왕국)에 매료되어 상상력을 갖고 그 그림 속으로 들어가보면 좋겠습니다. 교리는 신앙의 뼈대이지만 신앙 자체는 아닙니다. 성경에서 나온 이차적 진술일 뿐입니다. 그러므로 먼저 그리스도인은 성경 자체의 세계 속으로 들어가 그 세계가 보여주는 하나님의 정의로운 왕국과 공의로운 왕권에 대한 경외감을 갖고 마음의 옷깃을 여며야 합니다. 예수님이 가르쳐주신 기도문의 핵심이 "하나님 나라를 오게 하여 주시며, 그 뜻을 하늘에서 이루심같이, 땅에서도 이루어주십시오"마 6:10, 새번역임을 기억하면서 말입니다.

세 종류의
퍼레이드

종려 주일에 예루살렘에는 거창한 퍼레이드가 펼쳐지고 있었습니다. 때는 유대인들의 유서 깊은 유월절 시즌이었습니다. 유월절은 아주 오래전 그들의 조상들이 이집트 파라오의 학정에서 벗어난 후 해방과 자유를 기념하는 국가적 절기였으며, 예수가 지상에 계시던 당시에 유대는 로마의 식민지였기 때문에 유월절 기념예식은 더욱 특별한 의미를 담고 있었습니다. 유월절 기념식에는 귀인들과 정부 고위관료들이 참석했는데, 당시 유대 사회에서 지체 높은 귀인들은 종려나무 가지를 꺾어 들고 영접하는 큰 무리의 환호를 받으며 예루살렘 성으로 들어오곤 했으며 이 퍼레이드는 정말 장관이었습니다.

헤롯의 퍼레이드

제일 먼저 헤롯 안디바의 퍼레이드가 펼쳐집니다. 비록 유대 북동부에 위치한 갈릴리와 베뢰아 지방만을 다스리는 25% 짜리 왕tetrarch, 分封王(분봉왕)에 불과했지만 그는 명색이 "유대인의 왕"이었습니다. 예루살렘에서 좀 멀리 있는 지방의 분봉왕이었지만 유대인의 대명절 유월절을 맞이하여 모처럼 유대인 대표로 예루살렘 성을 향해 화려한 행차를 합니다. 이 행차를 위해 그는 꽤 많은 돈을 씁니다. 울긋불긋한 깃발들을 높이 치켜든 의장대와 화려하게 차려입은 군악대의 절도 있는 행진이 앞을 열고 드디어 호위무사의 호위를 받은 헤롯 왕은 가마를 타고 행차합니다. 모든 퍼레이드는 왕의 위용과 권위를 나타내기 위해 준비되었습니다. 헤롯의 행차는 화려하기 그지없었습니다. 모든 것은 황금색이었습니다. 왕의 행차는 재물과 돈으로 처바른 이동식 상징이었습니다.

빌라도의 퍼레이드

로마의 총독 빌라도 역시 예루살렘으로 들어가는 퍼레이드를 펼쳤습니다. 그는 주로 예루살렘에서 서쪽으로 지중해 해변인 가이사랴에 거주했습니다. 그곳에 총독 관저가 있었습니다. 그러나 이번 유월절에는 예루살렘에 가야 했습니다. 유월절은 히브리 민족이 파라오에게서 해방된 것을 기념하는 절기였기 때문에 빌라도는 혹시 모를 유대 민중 봉기에 신경 써야 했습니다. 그는 특별히 로마의 점령에 반발하는 유대의 열성당원들이 무슨 일을 벌일지 꽤 신경이 쓰였습니다. 그래서 빌라도는 대단한 위용을 자랑하는 압권의 퍼레이드를 보여주려 했습니다. 누가 예루살렘의 진정한 통치자인지 알게 할 생각이었지요. 로마 황제의 문장이 새겨진 독수리 황금상을 높이 치켜들고, 로마의 막강한 군사력을 과시하듯 소름 끼치는 나팔소리를 내는 군악대와 로마의 전차군단을 연상시키는 마병들을 앞세우고 사슬에 묶인 유대 열심당원 몇 명을 질질 끌고 예루살렘으로 입성하는 "힘의 퍼레이드"를 벌이는 것입니다.

퍼레이드는 과시입니다. 단순히 사람들을 즐겁게 하는 것이 아닙니다. 선언하는 것입니다. 고대의 퍼레이드는 특히 그러했습니다. 목적이 있습니다. 헤롯과 빌라도가 예루살렘에 입성하여 장엄한 퍼레이드를 할 때, 그것은 "재물의 상징"(헤롯)과 "권력의 상징"(빌라도)이었습니다. 그들은 "이것이 당신의 삶을 지배하고 통제한다! 돈과 권력 말이다! 알아들었느냐?"라고 일갈하는 듯했습니다.

헤롯과 빌라도의 퍼레이드는 예루살렘 사람들에게 강력하게 선언합니다. "권력과 돈을 숭상하는 너희여! 권력과 돈에 지배받고 있는 너희여! 내 앞에 머리를 숙이라. 내가 너희를 다스리리라. 내가 너희에게 구원을 주리라."

예수의 퍼레이드

고대에서 장군이나 왕의 당당한 귀환은 언제나 전쟁에서의 승리를 의미했습니다. 그들은 언제나 위용을 자랑하는 말을—백마든 흑마든 구릿빛 말이든—타고 입성했습니다. 그러나 예수의 경우는 전혀 달랐습니다. 매우 충격적인 장면을 연출하십니다. 장군의 말 대신에 촌부의 "어린 나귀"를 타고 예루살렘에 입성한 것입니다. 예수의 퍼레이드는 그를 환호하는 수많은 군중의 열렬한 영접을 받았습니다. 그들은 예수가 놀라운 기적들을 행했다는 소식을 듣거나 목격했던 사람이 대부분이었습니다. 엊그제 예수께서 죽었던 나사로를 살린 사실을 목격했던 사람들이 증인처럼 많은 사람에게 그 이야기를 했습니다. 그들이 얼마 전에 있었던 하나님의 표적에 대해 소문을 퍼뜨렸으므로 환영하는 무리가 더 늘었을 것입니다.

헤롯으로 대표되는 "돈과 재물의 화려함", 빌라도로 대변되는 "권력의 막강한 힘". 이것이 정말로 사람의 인생과 삶을 구원할 수 있을까요? 돈과 권력을 통한 성공이 정말로 우리 삶에 행복과 구원을 가져다줄 수 있을까요? 권력의 영역(정치, 교육, 종교)에서의 성공과 사업 성공이 사람의 목숨과 인생을 구원할 수 있을까요? 행복과 희망을 줄 수 있을까요? 헤롯과 빌라도가 죽은 자를 일으켜 세울 수 있을까요? 그들이 여러분을 "사랑받는 자"로 만들어 줄 수 있을까요? 혹은 죄책감에서 자유와 용서를 줄 수 있을까요?

그들은 평생 그 누군가에게 용서도, 긍휼도, 배부름도, 치유도, 위로도, 포옹도, 삶의 의미도, 새 삶도 준 적이 없었습니다. 그럼에도 아직도 우리는 어리석게도 헤롯과 빌라도의 퍼레이드 앞에 서서 종려나무 가지를 흔드는 것은 아닌가요? 돈과 권력은 결코 우리의 구원자가 되지 못합니다.

오로지 구원과 긍휼과 용서와 위로와 치유와 포옹은 그것을 몸소 베푸신 예수만이 주시는 것입니다. 예수의 퍼레이드에 참여하여 종려나무 가지를 흔들며 춤을 추었던 사람들은 누구였지요? 한때는 눈이 멀었지만 이제는 눈을 뜨게 된 여리고의 걸인 바디메오, 부당한 과세로 부를 축적했지만 예수를 만나 인생을 새롭게 살게 된 삭개오, 12년을 혈루증으로 비참하게 살다가 예수의 옷자락을 만지고 새 인생을 살게 된 여인, 어린 딸을 살리기 위해 수모를 감당하고도 예수께 매달려 은혜를 얻었던 시리아페니키아(수로보니게) 출신의 가나안 여인, 죽었다가 예수 덕분에 살아나게 된 나사로, 오병이어 기적의 현장에서 배고픔을 달래고 영원한 떡을 추구하게 되었던 수많은 사람…. 그들이 지금 예수의 예루살렘 입성 퍼레이드 대열에 서 있습니다.

여러분은 어느 퍼레이드에 열광하십니까? 헤롯의 퍼레이드입니까? 빌라도의 퍼레이드입니까? 아니면 예수의 퍼레이드입니까? 선택은 자유이지만 그 결과는 영원합니다.

나쁜 놈, 추한 놈, 이상한 놈

미국의 '전통 서부 권총잡이 영화' 하면 존 웨인, 헨리 폰다 등과 같은 명배우들이 떠오른다. 한편 스파게티 서부 활극 Spaghetti Western film도 있다. 이탈리아식 권총잡이 영화다. 대표적인 영화가 1966년에 상영된 〈좋은 놈, 나쁜 놈, 추한 놈〉이다. "좋은 놈"으로는 클린트 이스트우드가, "나쁜 놈"으로는 리 밴 클리프가 "추한 놈"으론 엘리 월나치가 출연했다. 제작비 120만 달러에 수익은 2,510만 달러를 거둬들였다. 옛날에 아주 재미있게 본 영화다.

한편, 이 서부 활극에 영감을 받아 한국인 감독이 2008년에 한국식 서부 활극 영화를 만들었다. 제목이 〈좋은 놈, 나쁜 놈, 이상한 놈〉이다. 송강호가 "이상한 놈"으로, 이병헌이 "나쁜 놈", 정우성이 "좋은 놈"으로 출연했다. 제작비 1,000만 달러에 수익은 4,430만 달러. 이 영화를 보면서 "어디서 본 영화 같은데? 어디지?"라고 궁금해하다가, "그 영화 표절한 거 아냐?"라고 한바탕 웃었다.

〈좋은 놈, 나쁜 놈, 추한 놈〉이든 〈좋은 놈, 나쁜 놈, 이상한 놈〉이든 상관없다. 종합해보면 좋지 않은 놈으로는 세 놈이 있는데 "나쁜 놈, 추한 놈, 이상한 놈"들이다.

시편 첫 장에는 좋지 않은 놈의 유형으로 세 놈을 거론한다. "악한 놈들, 죄짓는 놈들, 오만방자한 놈들"이다. 모두 복수형이다(레샤임, 하타임, 레찜). 이놈들이 "착한 사람들", "무고한 양민들", "하나님 말씀대로 살려고 애쓰는 사람들", "똑바로 걸으려고 몸부림치는 사람들"에게 딴지를 걸고, 빈정대고, 갑질하고, 왕따시키고, 억압하고, 상처 입히고, 고통을 주고, 때론 죽이기도 한다. 요런 나쁜 놈들을 다 모아보니 주로 다음과 같았다. 우리 주변에서 많이 보는 군상들이다.

잘난 척하는 사람, 부추기는 사람, 훈계하는 사람, 부정적인 사람, 남의 뒤만 파는 사람, 자기 말만 하는 사람, 선동하는 사람, 잔인한 사람, 무책임한 사람, 자리만 탐내는 사람, 줄타기하는 사람, 아첨하는 사람, 들이대는 사람, 자기주장만 펴는 사람, 남의 말은 전혀 듣지 않는 사람, 하릴없이 참견하는 사람, 불난 집에 부채질하는 사람, 앞뒤가 다른 사람, 주제 파악 못하는 사람, 제 분수를 모르는 사람, 속과 겉이 다른 사람, 생각 없이 말하는 사람, 아니면 말고 식으로 트집 잡는 사람, 남의 실수만 들추는 사람, 뻔뻔한 사람, 대중적 인기에 촉각을 곤두세우는 사람, 지나치게 돈을 밝히는 사람, 가르치려고만 드는 사람, 자기 의에 충만한 사람, 함께 있으면 피곤한 사람, 변덕스러운 사람, 성질 급한 사람, '내로남불' 스타일, 패거리 짓는 사람, 열등감에 찌든 사람, 무례한 사람, 촐싹대는 사람, 거만한 사람, 은근 무시하는 사람, 까칠한 사람, 악성 댓글 다는 사람, 협박하는 사람, 갑질하는 사람, 졸부 근성, 시기질투 완판 왕, 이기적인 사람, 남의 집 몰래 들여다보는 사람, 가학적 인간, 꼴불견 인간, 깐죽거리는 사람, 까탈스러운 사람, 무임승차하는 사람, 손 안 대고 코 푸는 사람, 박수칠 줄 모르는 사람, 지적질하는 사람, 코스프레하는 사람, 꼴갑 떠는 사람, 손가락질 잘하는 사람, 앞자리 밝히는 사람.

혹시 나도 저 목록 속에 들어 있는지 모르겠다. "진짜 복이 있는 사람은 악인들의 꾀를 따르지 않고, 죄인들의 길에 서지 않고, 오만방자한 자들의 자리에 앉지 않는다!"시 1:1

가벼워진
하나님

　　하나님이 솜털처럼 가벼워진 시대가 되었습니다. 종교와 신앙이 우리 삶의 변방으로 밀려난 지 오래되었습니다. 하나님에 대한 종교적 언사는 넘쳐나지만, 하나님을 진중하게 받아들이는 사람들은 희귀합니다. 이런 풍조는 말씀에 대한 태도에서도 찾아볼 수 있습니다. 설교자들은 시도 때도 없이 하나님 말씀의 중요성을 말하지만 정작 설교자나 듣는 교인들이 그 무게감에 압도되어 말씀의 발화자이며 말씀 자체이신 그분께 머리를 조아리고 엎드려 경배하는 일은 눈 씻고 보아도 찾기 힘듭니다. 오로지 종교예식을 통해 하나님을 자기중심적으로 이용하고 말씀을 자기 편의적으로 조작하려는 행태만이 생활 속에 찌꺼기처럼 남아 있습니다.

예배는 '하나님의 무게'를 경험하는 종교적 시간과 공간 안에서 이뤄집니다. 구약에서 구름이 성막 위를 덮는 형태로 하나님 임재를 표현했을 때를 가리켜 "하나님의 영광"이라 불렀습니다. 달리 말해 영광(카보드)은 신적 무게감에 압도되어 허리 굽혀 경배하는 전 과정을 가리키는 용어입니다. 전능자 하나님이 보잘것없는 인간과 만날 때, 사람은 소름 끼치는 거룩한 두려움으로 그분이 하시려는 말씀에 귀를 기울이게 됩니다. 이것을 신약에서는 "영과 진리" 안에서 하나님을 예배한다고 말합니다.

하나님을 예배하면서 사람이 취할 수 있는 가장 위험하고 잘못된 태도는 하나님에 대한 미신적 이해입니다. 하나님을 물건처럼 마음대로 조작하는 게 가능하다는 태도입니다. 예배가 "가벼운 수레"가 되는 경우입니다. 소리는 시끄럽지만 그 안에 담긴 것이 없다는 것입니다. 엘리-사무엘 시대에 일어났던 한 에피소드가 이것을 잘 보여줍니다.

엘리 제사장 아래 이스라엘의 종교는 여간 타락한 게 아니었습니다. 제도화된 종교 시스템 아래 엘리와 그를 이어 제사장 노릇을 하는 두 아들 홉니와 비느하스는 영혼 없는 종교사기꾼들의 전형이었습니다. 종교 권력을 극대화하여 개인적 이득을 취했으며 성전제의를 자기 편의로 좌지우지했습니다. 그들의 악행을 보다 못한 하나님은 이방 세력인 블레셋을 들어

이스라엘의 부패한 종교를 척결하고 엘리 가문을 끝장내려고 하셨습니다삼상 2:27-26; 3:10-14. 전쟁에서 이스라엘은 4천 명의 군사를 잃고 대패합니다삼상 4:2. 도무지 상상할 수 없는 패전이었습니다. 이를 받아들일 수 없던 이스라엘의 지도자들(장로)은 패배의 원인을 살펴보는 대신 "여호와의 언약궤를 실로에서 우리에게로 가져다가 우리 중에 있게 하여 그것으로 우리를 우리 원수의 손에서 구원하게 하자"삼상 4:3b라고 합니다.

전투 대열에 여호와의 언약궤를 모시면 전쟁에서 승리할 수 있다는 생각이었습니다. 실로 성소에 있었던 언약궤를 전쟁 한복판, 진지陣地, camp 가운데 모셔오겠다는 발상입니다. 이것은 분명 언약궤에 대한 미신적 생각이었습니다. 언약궤를 부적처럼 활용해 전쟁에서 이기겠다는 생각입니다. 이 정도면 이스라엘의 지도자급 인사들—장로, 유지, 원로, 제사장—의 머릿속에 무슨 생각이 자리 잡고 있었는지를 짐작할 수 있습니다. 소위 평신도 지도자들인 원로들(장로)의 '언약궤 신학'은 하루아침에 생긴 것이 아닙니다. 그들은 언약궤에 대해 오랫동안 잘못된 생각을 하고 있었습니다.

그들의 뒤에는 반성 없는 오래된 전통 신학, 그런 신학을 미신적으로 가르쳐준 몹쓸 제사장들이 있었습니다. 하나님이 언제나 자기를 위한 신으로 남아 있길 바랐고, 그런 바람은 전통이란 테두리 안에서 고착되었습니다. 누구도 감히 그런 잘못된 신학에 "아니오!"를 말하지 못했습니다(훗날 참 예언자들이 나와 그런 역할을 하긴 했습니다). 요즘 말로 그 당시에도 "카톡교",

"유튜브교", "카더라 신학"이 강력한 영향력을 미쳤던 것 같습니다.

전투 대열을 가다듬고 있는 이스라엘 진영陣營에 여호와의 언약궤가 들어온 후, 블레셋과의 전투는 어떻게 되었습니까? 최악의 대패였습니다. 이스라엘 보병 중에 고꾸라진 자가 3만 명이었습니다! 여호와의 언약궤 없이 싸울 때 이스라엘의 전사자는 4천 명이었습니다. 그러나 언약궤가 들어왔는데도 3만 명이 죽었습니다. 그들이 가진 신학으로는 도무지 이해할 수 없는 결과였습니다. 이제 그런 전통 신학, 교조주의적 신학, 인본주의 신학, 편의주의 신학, 자기중심적 신학은 해체해야 합니다. 그렇지 않고서는 하나님은 계속 무시될 것이요, 그분의 이름은 수치와 모욕을 당하게 될 것입니다.

사무엘상에 기록된 이 오래된 전쟁 이야기는 오늘날 그리스도교 공동체 구성원들에게, 그들의 지도자들에게, 덮어놓고 지도자의 가르침을 따르는 어리석은 평신도들에게 확성기로 외치시는 하나님의 말씀이기도 합니다. "나를 가볍게 대하지 말라!", "나를 조작하려 들지 말라!", "나는 너희에게 매우 불편한 신이다!"

실천적 무신론자는
아닙니까?

나는 아직도 한 장면을 생생하게 기억한다. 쇠약해진 노구를 이끌고 휠체어에 의지한 채 판문점을 넘어 북쪽 땅을 밟은 이인모(李仁模, 1917~2007) 씨의 송환 장면 말이다. 한국전쟁 당시 북한 종군기자였던 이인모는 52년 지리산 대성골에서 부상을 입고 포로가 돼 광주 포로수용소에 수용되었다. 당시 36세였다. 이후 34년간 복역하면서 전향을 거부하여 비전향장기수가 되었다. 그 후 석방된 다음, 1993년 3월 19일 76세의 나이로 조선민주주의인민공화국으로 송환되었다.

우리나라에서 '비전향장기수'非轉向長期囚란 공산주의 사상을 포기하지 않고 대한민국의 감옥에서 장기간 복역한 조선인

민군 포로와 남파 간첩, 게릴라를 지칭하는 말로, 지금까지 걸어왔던 방향을 바꾸지 않은 사람들이다. 말 그대로 전향轉向하지 않는다는 뜻이다. 냉전 시대 이념 대결의 깊은 골로 인한 남북분단의 아픔을 기억나게 하는 쓰라린 단어다.

생각할수록 이들은 대단한 사람들이다. 온갖 회유와 협박에도 굴하지 않고 자기 신념을 지킨다는 의미에서 그렇다.

오늘 아침 교회에서 설교를 듣던 중 '회개'悔改에 대한 말이 나왔다. "그러므로 어디서 떨어졌는지를 생각하고 회개하여"계 2:5라는 구절이었다. 회개는 헬라어로 "메타노이아"μετάνοια인데 전치사 "메타"('뒤에, 함께')와 동사 "노에오"('인식하다, 생각하다. 숙고하다')의 합성어다. 풀어 설명하자면 회개는 자기가 했던 어떤 행위나 일이나 생각에 대해 "다시 생각하는 것"이다. "돌이켜 생각하는 것"이 회개라는 말이다. 그러니까 회개할 줄 모르는 사람은 과거를 뒤돌아볼 줄도 과거에 대해 생각할 줄도 모르는 사람이다. 여기까지만 보면 회개는 '인식 작용'이 주를 이루는 것 같다.

신약의 '메타노니아'에 대응하는 히브리 단어가 있다. 보통 동사 두 개를 사용하는데, 하나는 "돌아가다", "돌아오다"라는 뜻의 슈브בוש, 다른 하나는 "미안하게 느끼다", "죄송하다", "잘못했다고 느끼다"는 뜻의 나캄מחנ이 있다. 히브리어 나캄은 메타노이아와 비슷하게 "느낌과 인식"에 방점을 찍는다면, 슈브는 방향, 움직임, 동작, 행동을 중요시한다. 즉, 가던 길에서 방향을 바꿔 "다른 길"로 가는 것이다. 즉, 전향轉向이다! 마치 갓 태어난 예수를 경배하기 동방에서 왔던 점성가들이 예수를 만나 경배한 후로 "다른 길"로 자기 나라로 돌아간 것과 같다마 2:12.

이처럼 회개는 "다시 생각함"(메타노이아)으로 시작되지만 궁극적으로는 방향을 바꾸어 새로운 길, 다른 길, 지금까지 걷지 않은 길로 걸어가는 것(슈브)이다.

문제는 교회 안에 있는 그리스도인 중에는 미전향장기수들이 아주 많다는 것이다! 이러한 미전향장기수an unconverted long-term prisoner를 다른 말로 "실천적 무신론자"practical atheists라고 부른다. 교회에 나왔어도, 교인으로 등록했어도, 직분을 얻었어도, 교인 생활을 오래했어도, 하나님의 다스림(통치)으로 전향轉向하지 않은 사람들이 의외로 많다.

내가 그들을 가리켜 '장기수'長期囚라고 하는 이유는, 마귀가 지배하는 세속 가치관 아래 갇혀 살아온 지가 오래되었기 때문이다. 입으로는 "주여! 주여!"를 부르고 주일마다 사도신경으로 신앙고백을 하고, 심지어 멋진 신학을 배우고 신학도와 목회자가 되었어도, 하나님의 실질적인 다스림을 무시하고 자기 마음대로 규칙을 정하여 사는 자율적 그리스도인들이 실천적 무신론자들이며 미전향 장기수들이다. 하나님 나라에 와서 살면서도, 하나님을 왕으로 모신다고 노래하면서도, 손을 들고 눈물을 흘리면서 "주는 나의 왕"이라 찬양하면서도 일상에서는 '비전향' 상태로 살아가는 것은 아닌지 생각해볼 일이다.

"회개는 우리의 생활을 하나님 쪽으로 전향하는 일이며, 그를 순수하게 또 진지하게 두려워하기 때문에 생기는 전향이다"(《기독교 강요》, III.3.5,6).

어차피 인생은
모험이다

각각 그 재능대로 한 사람에게는 금 다섯 달란트를, 한 사
람에게는 두 달란트를, 한 사람에게는 한 달란트를 주고 떠
났더니 _마 25:15.

예수님은 비유를 가르치는 것으로 만족하지 않으십니다.
비유를 엮어내십니다. 마치 직물 짜듯 하십니다. 들으면서 청
중들이 그 비유 속으로 빨려 들어가도록 이야기를 설계하십니
다. 이제 예수님의 비유를 귀담아들어 봅시다.

옛날에 어떤 사람이 먼 여행길에 오르게 되었습니다. 그는 먼저 하인들을 불러 모아 그들에게 재산을 맡겼습니다. 한 사람에게는 다섯 달란트, 다른 사람에게는 두 달란트를, 또 다른 사람에게는 한 달란트를 주었습니다.

자, 많은 들었던 이야기죠. "도대체 이 이야기가 나와 무슨 상관이 있단 말인가? 나에 대해 말하는 것은 하나도 없는 것 같은데…" 하고 시큰둥한 사람이 있을 것입니다.

그런데 문제는 이야기 도중에 발생합니다. 이야기가 예기치 않은 방향으로 급선회하기 때문입니다. 그리고 이야기를 다 들은 후에 이런 반응이 나옵니다.

"말도 안 돼?" "아니, 어떻게 그럴 수가 있어?" "이건 공평치 않아!"

내용을 온전히 이해하기까지 우리는 이야기 속에 잡혀 있게 됩니다. 이야기의 직물 속으로 함께 짜여지고 있습니다.

우리 방식대로 했더라면

아마 이야기가 이랬더라면 우리가 받아들이기 훨씬 더 쉬웠을 것입니다.

하늘나라는 마치 어떤 사람이 먼 여행을 가면서 그의 하인들을 불러 자신의 재산을 맡긴 것과 같다고 할 수 있다.

한 사람에게는 5000만 원을, 다른 한 사람에게는 2000만 원을, 또 다른 한 사람에는 1000만 원을 주고 그는 먼 여행 길에 올랐다.

5000만 원을 맡은 사람은 나가서 장사를 하였는데 모두 잃어버렸다. 2000만 원을 받은 사람도 그와 똑같이 장사했는데 모두 잃었다. 한편, 1000만 원 받은 사람은 그 돈을 장롱 속에 잘 보관했다.
오랜 후에 하인들의 주인이 돌아왔다. 돌아온 후에 하인들을 불러 그동안에 있었던 일들을 듣고 결산을 했다.

5000만 원을 받았던 하인이 설명했다. "금융권 내부 정보에 밝은 사람의 도움으로 암호화폐를 샀습니다. 그런데 하필이면 하고 많은 코인 중에 사기꾼들이 만들어놓은 코인에 잘못 걸리는 바람에 원금의 99%를 날리고 모두 휴지 조각이 되었고 투자금 전부를 잃었습니다. 정말 죄송합니다."
그러자 2000만 원을 받았던 하인이 설명했다. "저는 주식에 투자했습니다. 유명한 증권회사에 평소 수익률이 높다고 소문난 친구가 다니는데 그를 통해 고급 정보를 알게 되었고, 그가 권한 대로 2000만 원을 전부 투자했습니다. 하지만 결국, 이번에 금융위기가 오면서 원금의 80%까지 까먹었습니다. 죄송할 따름입니다."
그때 주인이 이 두 하인에게 말했다. "이 탐욕스럽고 무책임한 인간들아, 암호화폐나 주식에 투자하여 대박이 날 것을 기대했다면 너희야말로 도둑이고, 불한당不汗黨이다."

그러나 1000만 원을 받았던 사람에게 주인은 이렇게 말한다. "자네 같은 하인이 있다는 사실에 그저 하나님께 감사한 마음이네. 무슨 일이 일어날 줄 알고 원금을 잘 보존했던 자네의 선견지명先見之明을 높이 평가한다네. 인간의 탐욕이 얼마나 괴팍스러운 괴물인지를 잘 알고 있었군. 이 어려운 시절에 본전이라고 잘 간수했으니 잘했도다."

이야기가 이렇게 전개되었더라면 훨씬 합리적으로 들립니다. 그렇다면 왜 예수님은 이런 식으로 들려주지 않았을까요? 왜 예수님은 한 달란트 맡은 사람을 가혹하게 대하시는 것입니까? 한 달란트 받은 것만도 서러운데 어떻게 그렇게 심하게 책망하신다는 말입니까?

"너 악하고 게으른 종아!" 목소리를 높여 꾸짖습니다. 그리고 다른 하인들에게 명하십니다. "이 자를 끌어내어라. 다시는 그를 보고 싶지 않다. 바깥에 어둠 속에 던져 버려 거기서 슬피 울며 이를 갈도록 하라."

이 불쌍한 하인에게 잘못이 있었다면 너무 조심스러웠던 것 아닙니까? 조심스럽고 소심했다는 것이 그렇게도 심한 형벌을 받아야 할 잘못이란 말입니까? 보수적 성향으로 재산을 관리한 것이 왜 잘못이란 말입니까? 더욱이 그는 아무것도 잃은 것이 없지 않습니까? 그는 자기가 받은 것을 고스란히 그대로 간직하지 않았습니까? 그는 탕자처럼 흥청망청 돈을 낭비한 것도 아니지 않습니까?

자, 이즈음 되면 여러분과 저는 지금 이 이야기의 직물 속으로 깊숙이 엮여 들어가 있는 것입니다. 예수님의 의도대로 되었습니다. 그 주인이 한 달란트 맡은 사람에게 왜 그렇게 화를 내시는지 그 이유를 알고 싶습니다.

비교하는 순간 불행해진다

다섯 달란트를 가진 사람이라면, 자신이 선택받은 자라는 자부심이 하늘을 찌르거나, 잘난 체하고 싶어 하거나, 작은 일을 하고도 생색을 낼 수 있습니다.

그러나 한 달란트 사람이라면 전혀 다른 위험이 도사리고 있습니다. 가령 마음속에 뿌리 깊은 열등감이 자리합니다. '나는 별 볼 일 없는 사람이야, 가진 것도 없지, 배운 것도 없지, 비빌 언덕도 없지… 그렇다고 잘생긴 것도 아니지. 집안도 그저 그렇지.'

주위를 둘러보니, 더 똑똑하고 잘나고 금수저로 태어난 사람들을 봅니다. 출발점은 같았지만, 집 한 채 잘 잡아서 '부의 추월차선'을 갈아탄 후 저 멀리 앞서가고 있는 친구들도 보입니다. 지적이고 세련되고 재능 있고 멋진 사람들도 많습니다. '이번 생은 망했다'며 도무지 살맛이 안 납니다. 그러면서 질투와 시기로 안색이 새파래집니다. 마치 가인이 동생 아벨을 죽일 때처럼 얼굴은 시기심으로 가득해집니다. 세상에는 이런 가인들로 가득합니다.

다른 사람과 비교하느라 인생을 낭비하지 마십시오. 하나님께서 목적과 의도가 있으셔서 우리 인생을 지으시고 지금껏 인도하셨습니다. 나의 한 달란트는 하나님의 '의도적 창조물'intentional creation이라고 생각하라는 것입니다. 그 한 달란트는 오직 나만을 위해 하나님이 맡기신 것입니다. 하나님은 내가 지금의 나이길 바라시며, 주위의 다섯 달란트 사람과 같아지길 바라지 않으십니다.

삶을 예술적으로 산다는 것은 내가 누구인지를 아는 것이며, 누가 아닌지를 아는 것입니다. 내가 갖고 있는 것이 무엇인지를 알고, 내가 갖고 있지 않은 것이 무엇인지를 아는 것입니다. 또한, 내가 비록 한 달란트 사람이지만, 그 사실을 감사하면서 받아들이는 것입니다. 현재 상태 그대로를 받아들이면 빛과 생명으로 나아가겠지만 다른 사람과 비교한다면 결국 어둠 속으로 걸어 들어갈 수밖에 없습니다.

왜 그렇습니까? 하나님은 우리가 결코 성취하거나 만족시킬 수 없는 것을 요구하신다는 끊임없는 압박감에 시달릴 수밖에 없기 때문입니다. 다시 말해, 하나님은 씨를 심지도 않는 데서 추수하는 잔인한 주인이요 씨를 뿌리지도 않은 곳에서 곡식을 거둬들이려는 잔혹한 농부라는 강박관념에 짓눌려 살기 때문입니다.

예수님이 사용하신 이 그림 언어에 따르면, 만일 우리가 하나님이 우리를 대하시는 그 방식대로 자신을 받아들이지 않는다면 우리에게 무슨 일이 일어나게 될지 말씀하십니다. 즉, 우리는 바깥 어둠 속, 슬피 울며 이를 가는 곳에 있게 됩니다.

가치관의 전복: "작은 것은 아름다워!"

예수님은 한 달란트 받은 하인을 꾸짖으셨습니다. 예수님은 작고 별 볼 일 없는 사람들에게 큰 관심을 두시기 때문입니다. 예수께서 이 한 달란트 사람에게 집중적으로 관심을 나타내신 것은 큰 것을 경배하고 큰 것을 섬기려는 우리의 가치 저울을 뒤집어놓길 원하시기 때문입니다.

그와는 대조적으로 예수님은 별 볼 일 없고 중요하지도 않고 미미하기 그지없는 것들을 집어드십니다.

- 5천 명을 먹이시기 위해 가져온 작은 물고기 2마리
- 가장 작은 씨앗으로 알려진 겨자씨
- 과부의 동전: 당시 통용되던 가장 작은 단위의 동전
- 소금 한 줌
- 들판의 꽃 한 송이
- 공중의 새 한 마리

예수님은 우리 관심과 주의를 끊임없이 이런 작은 것에 집중시켜, 사물들과 인생을 새롭게 볼 수 있도록 하십니다. 즉, 하나님의 눈에는 작은 것이 아름답다는 것을 보게 하십니다.

예수님은 크고 중요한 사람들, 다섯 달란트 사람들을 찾지 않으십니다. 간음하다 잡혀온 여자, 길거리에서 구걸하던 맹인 거지, 뽕나무 위에 올라갔던 세리, 귀신에 사로잡혀 무덤 주위에서 살던 사람…. 이런 사람들을 찾으셨습니다. 지금도 마찬가지입니다.

하나님께서는 평범한 사람들, 보통 사람들에게 깊은 관심과 사랑을 갖고 있다는 사실을 적극 알리시고 그 진실에 적응하라고 하시는 것입니다. 자기는 별 볼일이 없는 초라한 존재라고 하면서 뒤에 숨어 "나는 재능이 없어"라고 하는 사람들에게 예수께서는 불같은 분노를 쏟으십니다.

"너 악하고 게으른 종아!"

모험을 감수하는 자

이 비유로 알 수 있는 또 다른 점은, 주님은 우리가 기꺼이 모험을 감수하기를 기대하신다는 것입니다. 하나님이 아브라함을 부르셨을 때, 아브라함은 위험을 감수하는 일로 답했습니다. 그는 가야 할 곳이 어딘지도 모르는 채로 편안하고 안락하다고 느꼈던 세계를 떠났습니다. 예수께서 제자들을 부르셨을 때, 그들은 위험을 감수함으로써 부르심에 응답했습니다.

마찬가지로 예수께서 우리를 부르실 때, 주님은 우리에게 모험하길 기대하십니다. 예수님을 따르는 일에는 위험이 따릅니다. 모험과 같습니다. 그리스도께 헌신된 사람과 인생 자체가 모험이라는 것입니다.

바울은 예수의 제자가 되라는 부르심을 들었을 때 위험을 감수했습니다. 감옥에 갇히기도 했고 매를 수없이 맞았으며 길에서 강도를 만나고 강탈을 당했으며, 위험천만한 여행을 했으며 배가 파선하여 죽다 살아난 일도 있었고, 재판을 받았고, 마지막에는 형장에서 이슬이 되었습니다. 그러나 그 모든 일에서 영광과 기쁨을 발견했습니다. 그는 이렇게 고백했습니다. "나에게는, 사는 것이 그리스도이시니, 죽는 것도 유익합니다." 그는 자기 재능이 그리스도를 위해 사용되지 않고 개인의 이익을 위해 사용된다면, 그저 의미 없이 사라질 쓰레기에 불과하다고 고백했습니다.

어차피 인생은 모험

그러나 그리스도께 헌신되지 않은 인생 역시 모험입니다. 자기에게 주어진 재능과 달란트를 자기 사업 확장에만 사용하면서 '먹고 마시고 즐기는' 은퇴 시기를 기다리는 사람 역시 위험을 무릅쓰고 있는 셈입니다. 자신을 위하여 이것저것을 저축

하고 쌓아두면서도, 자신이 갖고 있는 달란트와 재능을 사용하지 않고 땅에 숨겨두는 사람에게 어떤 일이 일어날지를 말씀하셨습니다. "어리석은 사람아, 오늘 밤에 네 영혼을 네게서 도로 찾을 것이다"눅 12:20.

당신의 하나뿐인 인생을 어디에 걸겠습니까?

새가 다시 부화 전의 껍질 안으로 돌아가는 것 보았습니까?

나비가 애벌레로 되돌아가는 것을 본 일이 있습니까?

그리스도께서 다시 무덤으로 들어가시는 일이 가능하겠습니까?

여러분은 다시 집으로 돌아갈 수 없습니다.

죽은 자들로 자기의 죽은 자들을 장사하게 하십시오.

과거의 실패들과 과거의 성공들을 모두 묻어버리라는 뜻입니다.

손에 쟁기를 잡고 뒤를 돌아보는 자는

하나님 나라에 합당하지 아니합니다.

삶의 고정점인 예수 그리스도에게 올인하십시오.

하늘의 별을 바라보고 진정한 왕이신 예수 그리스도를 만났던

동방의 현자들처럼 굳세게 순례의 길을 걸어가십시오.

제 7 장

하나님의 일등석

버릇 들이기

오랫동안 쌓인 습관을 우리말로 버릇이라 합니다. 버릇은 쉽게 바뀌거나 고쳐지지 않습니다. 이를 두고 "세 살 버릇 여든까지 간다", "제 버릇 개 주겠냐?"라는 말을 씁니다. 좋게 말해 "개성이 강하다"라고 완곡하게 말하기도 하지요.

버릇을 속되게는 '버르장머리'라고 합니다. 버릇에 낮추어 말하는 접미사 '-머리'를 붙인 것입니다. 안달머리, 인정머리, 주변머리가 그런 것입니다. 버릇없이 굴 때 버르장머리 없다고 합니다. 젊은이나 애들이 함부로 굴 때 어른들이 하는 말입니다. "돼먹지 않았다"라는 말도 하는데, 이 말은 공동체에 속한 일원으로 다른 사람들 아랑곳하지 않고 함부로 행동하거나 말하는 막무가내 인간을 욕하는 말입니다. 돼먹지 않은 것의 최상급은 '막돼먹은' 것입니다. 한자어로 무례無禮한 것이지요. 사람 사이에 지켜야 할 최소한의 예의禮儀가 없다는 말입니다.

태어날 때부터 인간 사회 안으로 들어온 이상 사람은 다른 사람과 관계를 맺고 살기 마련입니다. 시인 존 던John Donne의 유명한 문구 "아무도 섬이 아니다"no man is an island를 들먹이지 않더라도 우리는 몸소 그 사실을 경험합니다. 알든 모르든 사람들은 이리저리 연결되어 있습니다. 인터넷internet이란 말도 그물처럼 엮여 있다는 뜻이고, 페이스북이나 인스타그램 등을 가리켜 "사회관계망"SNS, Social Networking Service이라 부르는 것을 봐도 사람은 원하든 원하지 않든 서로 연결되어 있는 사회적 존재social being임을 보여줍니다.

고린도전서 13장은 "사랑 장"이라 부릅니다. 기독교 사랑에 관한 '마그나카르타'(대헌장)라 생각하면 좋습니다. 그러나 꼭 짚고 넘어가야 할 사항이 있습니다. 이 말씀은 단순히 사랑에 관한 송가song of love가 아닙니다. 연인 사이나 남편과 아내 사이에서 일어나는 낭만적 사랑의 표본을 제시하는 것이 아닙니다. 이 사랑 장은 신앙 공동체 안에서 서로 다른 성격과 재능과 은사를 가진 사람들이 함께 조화롭게 어울려 역동적으로 평화(샬롬)를 만들어내는 것과 관련이 있습니다.

그중 한 구절을 곱씹어 보십시오. "사랑은 무례하지 않고…." 무례란 말이든 행동이든 자기중심적으로 함부로 하는 것입니다. 다른 사람들에게 혹은 공동체에 유익을 주지 않을 때 사랑이 없다고 합니다. 따라서 사랑은 무례하지 않는다는 말 다음에 "자기의 유익을 추구하지 않는다"라고 이어서 나옵니다. 자기중심성에서 벗어나는 것입니다. 한 마디로 사랑은 "못된 버릇"이 없어야 합니다.

버릇은 훈련을 통해 새겨집니다. "버릇 들다"라고 하지 않습니까? 몸에 밴다는 뜻입니다. 제2의 본성입니다. 그렇다면 어디에 좋은 버릇이 생겨야 할까요? 세 가지에 좋은 버릇이 들도록 훈련이 필요하겠지요.

첫째는 마음 버릇입니다. '마음보'가 좋아야 합니다. 마음을 쓰는 속 바탕이 깨끗해야 합니다. 마음을 쓰레기장으로 만들지 마십시오. 악한 생각, 부정적인 생각, 독기, 앙심, 복수, 시기와 질투, 교만과 이기심, 탐욕, 분노, 탐색과 같은 더러운 것들로 마음을 쓰레기 집하장으로 쓰지 마십시오. 마음의 적폐들을 청소해내고 좋은 것들로 채우십시오. 성경에서 권고하는 것들, 정의, 공의, 화평, 평화, 화해, 사랑, 인애, 진실, 긍휼, 희생, 온유, 가난한 마음 등으로 채워야 할 것입니다.

둘째는 말버릇입니다. 이것은 바깥으로 표현되는 것이므로 강력한 훈련이 필요합니다. 시편을 읽어보면 애통하고 탄식하는 기도시가 많습니다. 억울한 일을 당하거나 상대방에게 고통을 당할 때 드리는 기도입니다. 그런 치명적 상처를 내는 대적자의 공격무기는 놀랍게도 혀입니다. 혀와 말은 치명적 무기라고 성경은 반복해 말합니다. 한 치도 안 되는 혀가 온몸을 불

사른다는 야고보 사도의 촌철살인을 떠올려보십시오. 파괴하는 언어가 아니라 사람을 세워주는 언어, 낙심케 하는 말이 아니라 격려와 위로와 용기를 북돋아주는 말이어야 합니다. 적시적소에 던지는 말은 사람의 영혼을 상쾌하게 만듭니다. 하나님께서 세상을 무엇으로 창조하셨는지를 기억하십시오. 바로 '말씀'입니다. 그의 말씀은 "창조하는 말씀"creative word이었습니다. 우리가 말과 언어로 아름다운 세상을, 평화로운 인간관계망을 만들어 갈 때 하나님을 가장 잘 닮았음이 드러납니다. 이것이 "창조적 언어"creative word의 위력입니다.

셋째는 몸 버릇입니다. 얼굴 표정에 환한 버릇이 들게 하십시오. 몸동작이 위협적이거나 무례하지 않도록 하십시오. 인상을 쓰거나 찌푸린 얼굴보다는 상냥하고 친절한 표정의 미소 짓는 얼굴 말입니다. 얼굴과 손과 발과 몸동작으로 감정을 표현하는 것이 몸짓언어Body Language입니다. 의사전달을 잘하기 위해 언어훈련이 필요하듯, 몸가짐, 표정, 손동작, 몸짓 등에 좋은 버릇이 들도록 해야 합니다.

습관은 훈련을 통해 들게 되어 있습니다. 좋은 습관 들이기, 착한 버릇 들이기를 통해 제2의 본성이 몸과 영혼에 배어나게 해봅시다.

있을 때
잘해!

어느 목사님이 설교 도중 이런 조크를 던졌습니다.

"모세는 인생 연한은 대충 70~80년 정도라고 말했습니다. '우리의 연수가 칠십이요 강건하면 팔십이라도 그 연수의 자랑은 수고와 슬픔뿐이요 신속히 가니 우리가 날아가나이다' 시 90:10. 그런데 이렇게 말씀한 모세 자신은 120살이나 살았습니다. 이거 너무 치사한 것 아닙니까? 다른 사람은 7,80년 정도만 살라고 해놓고 자기는 40여 년을 더 살았으니…. 이거 원참, 세상에 믿을 사람이 없군요!"

듣고 보니 모세도 너무했다는 생각이 듭니다. 청중들도 한바탕 웃으면서도, 모세가 인생 연한에 대해 말한 7,80년 정도가 지금 그 정도 사는 우리 처지를 정확히 짚어낸 말씀이라는 생각이 들자 놀라워했습니다. 모세 당시 평균 연령이 120년 정도였던 것으로 아는데 어떻게 모세는 앞을 내다보고 예언자처럼 인간 수명을 맞췄을까 하는 점입니다.

집에 돌아와 곰곰이 생각했습니다. 조크를 던진 목사님도 그것을 듣고 고개를 끄덕였던 청중도 모두 성경 해석에서 약간 오해를 하고 있다는 생각이 들었습니다.

모세의 기도문으로 알려진 시편 90장은 말 그대로 "시"입니다. 그것도 히브리 시입니다. 따라서 히브리인들의 시 습관을 알게 되면 그 말(7~80년)의 뜻이 무엇인지 분명해집니다.

먼저 히브리인들의 작시 관습을 알면 좋습니다. 먼저 히브리인들은 시행詩行 한 줄을 쓸 때 보통 두 소절小節을 사용합니다. 달리 말해 두 소절이 하나의 시행을 이룹니다. 쉬운 예를 들어보겠습니다. 누군가에게 배신을 당했을 때 우리는 보통 "나는 배신당했어!"라고 말하겠지만 히브리인에게 이것을 시로 표현하라면, 분명 "나는 너를 믿었는데 너는 나를 못 믿었어!"라고 표현합니다. 이것을 히브리 시 형태로 풀어보면 이렇습니다.

나는 너를 믿었는데
　　너는 나를 못 믿었지.

즉 첫 소절과 두 번째 소절이 함께 부딪혀야 '배신'이라는 불꽃이 튑니다. 특별히 숫자를 사용하여 시를 지을 때도 마찬가지입니다. 모세의 기도문을 사용한다면 아래와 같이 배열할 수 있습니다.

우리의 연수가 칠십이요
　　강건하면 팔십이라도
그 연수의 자랑은 수고와 슬픔뿐이요
　　신속히 가니 우리가 날아가나이다.

보다시피 첫 소절에서는 70년을, 두 번째 소절에서는 80년을 사용하고 있습니다. 히브리인들에게 70년이란 "신으로부터 주어진 삶을 충분하게 산 햇수"를 가리킵니다. 70이 온전 숫자인 것처럼 말입니다. 그럼 두 번째 소절에서 80 역시 "신이 정해준 삶을 다 살고 거기서 플러스로 조금 더 사는 듯하여도"라는 뜻입니다. 그러므로 70, 80년이란 숫자는 생물학적 날수를 가리키는 것이 아닙니다. 숫자를 통한 시적 표현poetic numerical expression입니다. 시인이 말하고자 하는 바는 "하나님의 정해주신 인생을 다 살고, 때론 덜 사는 혹은 더 사는 듯해도, 수고하는 삶이요 슬픔이 많고, 게다가 흐르는 물처럼, 쏜살같이 후딱 지나간다"라는 것입니다. 본문에서 '날아간다'는 말은 내가 잔디밭에 앉아 있던 작은 새를 쳐다보고 있다가 누군가가 나를 불러서 잠깐 뒤를 돌아보고 다시 고개를 돌려 새를 보았는데, 그 자리에 새가 없다는 정도의 의미입니다. 얼마나 허망하겠습니까? 나의 집중적 관심의 대상이었던 그 새(인생, 삶)가 날아갔기 때문입니다.

집에 돌아와 이사야 2장 22절, 시편 90편 10, 12절, 시편 103편 14-16절을 함께 곱씹어보았습니다. 그리고 이런 생각이 들었습니다.

인생이 뭐던가요?
그 코에 호흡이 있는 존재가 아니겠어요?
마치 어디론가 날아가려는
새의 날개 위에
있는 것처럼 말이죠.

정처 없는 나그네처럼
인생 또한, 그렇게 지나가고
사라질 겁니다.

완전히 가버리지요.
다시는 돌아오지 않아요.
하늘이 두 쪽이 나도 말입니다.●

이제 인생사의 결국을 다 들었으니 …
"있을 때 잘하세요!"

● 토마스 보스턴(1676-1732)의 〈Human Nature in its Fourfold State〉 중에서

하나님의
일등석

옛날 미국 서부 개척시대에, 아직 자동차가 대중화되지 않았던 시대에 역마차驛馬車, stagecoach가 있었습니다. 미국 서부 활극 영화에서 자주 볼 수 있는 마차입니다. 승합마차로도 불리는 이 역마차는 기껏해야 승객 6명 정도가 될 정도로 그리 크지 않았습니다. 그런데 흥미롭게도 6자리가 모두 똑같은 자리가 아니었습니다. 그중에서 더 좋은 자리가 있었습니다. 오늘날 항공권을 구입할 때도 일등석first class, 이등석business class, 삼등석economy class으로 구별된 표를 사는 것처럼 당시도 그렇게 좌석 표를 팔았습니다.

당시 좌석에 차별을 둔 것은 좌석 크기나 음식 종류가 달라서가 아니었습니다. 크기나 음식은 모두 같았습니다. 좌석이 등급별로 차별화된 것은 티켓을 소지한 사람이 비상시 해야할 의무와 관련 있었습니다. 마차가 진흙탕에 빠졌을 때 혹은 가파른 언덕을 올라갈 경우 어느 좌석에 앉았느냐에 따라 해야할 일이 달랐습니다.

마차가 어떤 경우를 만나도 일등석 손님은 자리에 그대로 앉아 있었습니다. 자질구레한 일은 하지 않아도 됐습니다. 반면 2등석 좌석에 앉은 사람은 문제가 발생하면 해결될 때까지 마차에서 내려 걸어갔습니다. 가장 싼 티켓인 3등석 표를 가진 사람은 역마차에 문제가 생기면 그 문제를 해결해야 할 책임이 있었습니다. 가령 마차가 진흙탕에 빠지면 신발을 벗고 진흙탕 속으로 들어가 끌어내야 합니다. 가파른 언덕을 올라가다가 힘이 달리면 내려서 마차를 밀고 언덕 위까지 올라가야 합니다. 이처럼 3등석은 땀 흘리고 수고해야 하는 자리입니다. 3등석이 저렴한 이유가 여기 있었습니다.

일등석과 특권

이런 관습을 곰곰이 생각해보니, 이게 인간 본성을 반영하는 좋은 예라는 생각이 들었습니다. 즉, 일등석에 앉는다는 것은 특권이 있다는 뜻이고, 귀찮은 일들, 허접한 일들, 몸으로 때우는 일에서 열외列外된다는 의미입니다. 이런 생각을 하는 순간 예수의 가치 체계는 이것과 얼마나 엄청나게 다른가 하는 생각이 떠올랐습니다. 예수께서 이 세상에 오셨을 때 그는 사람들이 알고 있는 일등석 은유에 대해 전혀 다른 해석을 내놓으십니다. 글자 그대로 예수는 이 세상 가치 체계를 완전히 뒤집어 놓으셨습니다.

한밤중 어느 유명한 백화점에 도둑이 들었습니다. 그다음 날 종업원들과 손님들이 백화점에 들어왔을 때 그들은 경악하지 않을 수 없었습니다. 백화점 문이 열려 있었지만 물건들은 고스란히 그대로 있었던 것입니다. 더욱 놀란 것은 수백만 원짜리 구찌 명품 가방에 붙어 있던 가격은 단돈 만 원. 명품 켈러웨이 골프채 클럽은 단돈 5천 원, 바나나 리퍼블릭 양산은 2천 원, 입센롤랑 향수는 단돈 천 원, 백양 메리야스 한 장은 오십만 원, 중국산 슬리퍼 한 켤레는 백만 원 등 가격표가 모두 뒤바뀐 것입니다. 상상을 초월한 일이 벌어진 것이지요. 도둑치고는 아주 이상한 도둑이었습니다.

덴마크의 철학자 키르케고르가 하나님 나라에 관해 들려준 비유를 조금 각색해 보았습니다. 하나님 나라에선 이 세상에서 가장 비싸다고 생각되는 것이 가장 싸고, 가장 싸다고 생각되는 것이 가장 비싸다는 것입니다. 하나님의 가치평가는 달라도 완전히 다르다는 뜻이겠지요.

하나님 눈에 진짜 일등은 모든 것이 나를 위해 준비되어 있다고 생각하는 그런 특권을 누리는 삶이 아니며, 그와 정반대로 하는 것입니다. 달리 말해 모든 것을 위해 기꺼이 준비되어 있는 것이 하나님의 눈에 진짜 일류며 진짜 일등입니다. 진짜 일류는 어려움을 기꺼이 떠맡는 사람입니다. 다른 사람이 어려움을 해결해줄 때까지 가만히 자리에 앉아 다른 사람 시중을 받는 것이 아니라 직접 팔을 걷어붙이고 어려움을 해결하고 문제를 직면하는 것입니다. 그런 사람이 하나님의 일등석에 앉는 사람입니다.

최후의 만찬에서
일어난 일

우리 주님께서 이 세상에 계시던 마지막 날 밤을 기억하십니까? 사랑하는 제자들과 함께 식사 자리를 가지려고 얼마나 간절히 바랐던지요? 유월절 전날 저녁 다락방에 제자들이 모여 앉았습니다. 매우 어색한 분위기가 식탁 주위를 맴돌고 있었습니다. 그들은 종일 흙먼지 길을 걸었습니다. 이제 숨을 돌리고 식탁에 비스듬히 누워 식사하려던 참이었습니다. 시원한 물로 피곤에 지친 발을 닦고 식탁에 둘러앉으면 얼마나 좋았을까요? 그러나 바로 그날 제자들은 심한 말다툼을 했습니다. 그들 가운데 누가 가장 높게 될 것이냐며 논쟁을 벌였던 것입니다. 머지않아 도래할 하나님 왕국에서 누가 가장 높은 자리를 차지하게 될 것인지를 놓고 격론을 벌였습니다.

바로 이런 어정쩡한 상황에서 예수님은 재빨리 움직이셨습니다. 요한은 다음과 같이 장엄한 문장으로 그 움직임을 묘사하고 있습니다. "예수는 자기가 하나님께로부터 오셨다가 하나님께로 돌아가실 것을 아시고 저녁 잡수시던 자리에서 일어나 겉옷을 벗고 수건을 가져다가 허리에 두르시고 구질구질한 일 곧 종이 하는 일을 하였으니 자기의 열두 제자들의 발을 씻으시고 그 두르신 수건으로 닦기 시작하였더라. 발 닦는 일을 마치신 후에 자리로 돌아와 말씀하기를 내가 너희를 위해 모범을 보였으니 이것이야말로 너희가 진정으로 높아지는 비밀이다. 높아지려거든 이렇게 하라는 것이다. 마치 자기가 주인이나 되는 것처럼 다른 사람 위에 군림하는 것이 아니라 형편과 처지에 따라 자발적으로 다른 사람을 섬기고 위해 일하는 것이 진짜 위대함이다. 그들의 근본적 필요는 이미 하나님의 은혜로 채워졌기 때문이다"요 13장, 저자 개인 발췌번역.

삶은 하나님의 선물

여기서 주의 깊게 새겨들어야 할 문구가 있습니다. 예수께서 종의 모범을 보이신 신학적 근거를 담은 문구입니다. "유월절 전에 예수께서 자기가 세상을 떠나 아버지께로 돌아가실 때가 이른 줄 아시고"요 13:1라는 문구입니다. 예수님은 자신의 삶이 하나님의 선물로 주어졌다는 것, 하나님 은혜로 시작되고 은혜로 마치게 된다는 것을 아셨습니다. 이 세상에서 무슨 일을 하든지, 그것이 자기 품위나 신분을 높이지 않는다는 것입니다. 자신이 행하는 일의 성취나 업적에 따라 가치가 결정되지 않는다는 것을 주님은 아셨습니다.

삶은 하나님의 선물이며 은혜라는 것을 아셨기에 예수님은 세상의 방식을 철저하게 부정하고 뒤집어 놓으셨습니다. 과히 혁명적인 가치관입니다. '자발적 섬김'이야말로 그리스도인의 가치 체계에서 가장 위대하고 높은 것이었습니다. 진짜 일류는 가장 비싼 값을 지불했으므로 일을 안 해도 된다는 특권의식이나 우월감을 보이지 않습니다. 참된 일류는 자발적으로 기꺼이 섬기려는 삶의 방식을 보입니다. 아무도 선뜻 나서지 않는 일에도 기꺼이 손을 걷어붙이고 발 벗고 나서서 수고합니다. 이렇게 자발적으로 머슴이 되고 종이 되는 것이야말로 모든 가치 중 최고의 가치입니다.

가치판단의 근거: 하나님의 은혜

우리의 가치는 경쟁력 있는 성취나 업적이 아니라, '하나님의 행동'에서 옵니다. 부연하자면 예수에 대해 말한 내용("하나님에게서 와서 하나님께로 돌아가는 분")은 우리 각 사람에 대해서도 동일하게 적용되는 심오한 진리이기도 합니다. 예수님처럼 우리도 하나님으로부터 와서 하나님께로 돌아갑니다. 요한 사도의 말로 표현하자면 우리는 "하늘에서 와서 하늘로 돌아가는 하늘 나그네"라는 것입니다.

그러므로 우리의 가치는 하나님으로부터 '선물'로 주어진 것입니다. 하나님에게서 와서 하나님께로 돌아간다는 사실은 우리가 얼마나 가치 있는 존재인가를 보여줍니다. 즉, 우리는 하나님의 선물이며 이것이 우리의 존재 가치입니다. 이런 사실을 인식할 때 비로소 우리는 진정으로 자유합니다. 우리 삶의 가치는 외형적인 기준이나 장식이나 소유나 학벌과 같은 것에 따라 평가되지 않습니다. 우리는 이미 하나님의 귀중한 소유(재산목록 1호)이며 왕 같은 제사장들이며 선택받은 거룩한 백성입니다 출 19:5-6, 벧전 2:9. 하나님의 자녀가 되었다는 것 하나만으로도 이미 우리는 최상의 명품masterpiece이고 일류이며 귀인貴人입니다.

사도 바울은 자신의 삶을 돌이켜 보면서 이렇게 고백했습니다. "나의 나 된 것은 하나님의 은혜입니다"고전 15:10. 우리는 이 사실에서 자유의 분수대噴水臺를 발견합니다. 그리고 이 분수대를 통해 흘러나오는 물로 서로 발을 씻기고, 걸어가면서 만나게 되는 온갖 더러운 것들을 창조적으로 처리합니다.

이미 하나님의 전적인 은혜, 풍성한 은혜로 개인의 필요들이 채워졌으므로 우리는 더 이상 자아—체면, 신분, 학벌, 장식, 명품, 돈, 집, 외모, 여가, 가문 등—를 외형적인 것들로 채우는 일에 연연하지 않습니다.

응답의 일부가 되는 삶

이 세상에서 완전히 다른 삶을 살아가고 싶다면 그리고 진정 더 좋은 삶을 만들고 싶다면 주님의 모본과 가르침을 따르는 것보다 더 좋은 길은 없습니다. 하나님의 눈으로 볼 때 일류인 사람은 하나님의 은혜를 입어 자발적으로 종이 되는 사람입니다. 다른 사람을 섬긴다고 해서 자기 체면이나 가치나 명예나 신분이 추락하는 게 아닙니다. 그는 이미 자신이 "하나님의 은혜를 입은 자"임을 알고 있기 때문입니다. 그는 문제의 일부가 아니라 응답의 일부가 되는 사람입니다. 이런 사람들이 모든 것을 바꾸어놓습니다. 이런 사람이 한 사람만 있어도 우리 사회는 밝아집니다.

좋은 소식이 있습니다. 이런 일이 우리 모두에게 가능하다는 것입니다. 이미 우리는 하나님의 온전한 사랑을 경험한 자들이기 때문입니다. 세상 필요를 채우고 그들의 궁핍을 섬기는 자발적인 종이 될 수 있습니다.

믿음 만능주의
해부

신앙이 좋다는 교인이나, 목사 가운데 상당수는 자신도 모르는 새 어느덧 "믿음 만능주의자"가 된 경우가 많습니다. 믿음 만능주의란, 믿으면 모든 것을 다 이룰 수 있다는 자기 기만형 확신이자 자기 주문呪文형 주술행위를 말합니다. 이런 경우 믿음에 대한 강조는 일종의 자기도취나 자아몰입을 통한 진통 효과에 이르게 합니다. 부흥회나 수련회 같은 군중집회에서 종종 강사는 청중에게 특정 구호를 외치게 하여 그들에게 믿음의 확신을 심어주려고 애씁니다. 극단적인 경우, 단순한 신앙 문구를 반복해서 외치게 하여 군중 심리를 흔들고 휘저어 집단 광기를 연출하기도 합니다. 이런 분위기에 협조적이지 않으면 믿음 없거나 아직 성령의 임재를 경험하지 못한 사람으로 폄하하기 일쑤입니다. 이런 현상은 특별히 이단 집단에서 많이 쓰는 수작이기도 합니다.

"믿음 좋다", "신앙 좋다"라고 할 때의 믿음과 신앙이 대체 무엇일까요? 무엇을 믿는 것입니까? 믿음의 대상을 알고 믿는 것입니까? 아니면 "주여!"라고 외치고 부르짖으면서 얻어지는 정서적인 만족과 확신의 감정을 믿음이라고 생각하는 것입니까? 병자에게 손을 얹은즉 치유가 발생한다고 성경에서 말했으므로 병자나 육체적 질병에 안수하여 강하게 기도하면 치유 역사가 일어난다고 말합니다. 그리고 그런 기적이 있으려면 먼저 나에게 강력한 믿음이 있어야 한다고 강조합니다. 사업이 잘 안 되거나 가정에 문제가 있거나 자녀들이 반항적이거나 공부를 못하거나, 혹은 어떤 질병 심지어 암에 걸렸더라도, 충분히 믿음으로 물리칠 수 있다는 것입니다. 믿음이 있으면 안 되는 사업도 기적적으로 잘되고, 반항하던 자녀도 기적적으로 돌아오며, 병도 치유된다는 것입니다.

정말 그랬으면 얼마나 좋겠습니까? 문제는 이런 믿음 만능주의가 무서운 우상숭배라는 사실입니다. 나의 믿음의 정도에 따라 어떤 일들이 바뀌거나 이루어진다는 생각은 철저하게 '나'의 애씀과 노력에 따라 구원이 이루어질 수 있다는 생각과 맞닿기 때문입니다. 이때 하나님의 구원은 일방적인 하사下賜가 아니라 나의 믿음 정도에 따라 왔다 갔다 할 수 있는 조건적인 것이 되며, 심할 경우 믿음은 하나님의 은혜를 조작하거나 조정하는 힘으로 강조됩니다.

그러나 믿음은 어떤 물리적 혹은 심리적 '힘'이 아닙니다. 믿음은 무엇인가를 받아들이는 '도구'일 뿐입니다. 무엇인가 받아들이는 것이 믿음이라면 믿음은 결코 먼저가 아닙니다. 믿음이 먼저가 아니라 믿음으로 받아들이는 내용이 먼저 와야 합니다. 그 내용은 곧 "하나님의 은혜"입니다. 즉, 하나님의 일방적이고 한량없는 은혜가 예기치 못한 방식과 길로 우리에게 찾아올 때, 그 은혜는 우리 마음속에 믿음이라는 도구를 창조해 그 은혜를 진정 감사하는 자세로 받아들이게 됩니다.

믿음은 큰 소리를 내지 않습니다. 믿음은 소리 없이 받아들이는 펼쳐진 두 손입니다. 하나님께서 어느 것을 주시든, "그것이 내게 제일 좋은 것이야!"라는 그분의 신실하심에 대한 믿음으로 받아들이는 것이 참 믿음입니다. "하나님의 은혜는 언제나 내게 족하다"라고 고백하는 것이 진정한 믿음입니다.

개혁교회가 고백한 신앙고백문서 중에 《하이델베르크 신앙교육문답서》(1563년)는 참된 믿음을 다음과 같이 정리했습니다(제7주일, 21문답).

참된 믿음이란, 하나님께서 그의 말씀에서 우리에게 계시하신 모든 것이 진리(진실)라고 여기는 "확실한 지식"sure knowledge이고,

동시에 성령께서 복음으로 내 마음속에 일으키신 굳은 신
뢰firm confidence입니다.

곧 순전히 은혜로,
　　오직 그리스도의 공로 덕분에
　　하나님께서 죄 사함과 영원한 의로움과 구원을
　　다른 사람뿐 아니라 나에게도 주심을
　　믿는 것입니다.

배신의 상처를 극복하는
은혜

가족이나 직장 동료, 가까운 친구에게 배신당한 경험이 있습니까? 그들이 누굽니까? 한때는 믿었던 사람들 아닙니까? 어떤 경우든 내 편이라고 생각했던 사람들 아닙니까? 그래서 마음속에 들어오도록 허락까지 했지요. 그런데 마음속 비밀까지 다 열어 보여주었더니 그것을 악용해서 우리에게 큰 상처를 주었습니다. 그 생채기가 얼마나 아프고 고통스러운지는 모두가 다 뼈저리게 압니다. 눈에 보이는 원수들은 그런대로 처리한다고 하더라도, 배신의 상처는 어떻게 처리해야 할지 난감하고 괴롭습니다.

우리는 가룟 유다를 아주 심하게 다루어왔습니다. 아주 나

뻔 놈이고, 배반자요, 사람도 아니라고. 배신자의 아이콘 하면 당연히 유다를 거명합니다. 그런데 우리가 유다에 대해 꺼림칙한 부분이 있다면 우리 안에도 그런 배신 유전자가 들어 있을지 모른다는 두려움 때문일 것입니다. 우리 역시 믿음을 배신하고 누군가에게 상처를 줄지도 모른다는 가능성 말입니다. 이런 이유로 과격할 정도로 유다와 거리두기를 하는지도 모릅니다.

우리는 마음속에 남아 있는 분노, 두려움, 이기심과 같은 작은 주머니들이 언제 터져 나와 우리를 잡아먹으려 할지 확신하지 못합니다. 최후의 만찬 자리에서 열둘 중 하나가 자기를 배반할 것이라고 예수께서 말하셨을 때, 제자들이 생각한 주님과의 관계가 얼마나 허술하고 쉽게 깨어지는 것이었는지 곧바로 드러났습니다. 그들은 서로 이렇게 말하기 시작했습니다. "혹시 그게 저입니까, 주님?" 마치 이렇게 말하는 것과 같습니다. "사실 저도 그 문제를 걱정해왔습니다."

베드로는 유다보다 괜찮은 사람인가?

베드로는 유다가 무엇을 하려는지 알게 되자, 칼을 휘두르며 예수를 잡으러 온 군인들을 향해 달려들었습니다. 그러나 그가 한 일이라곤 기껏해야 대제사장 하인의 귀를 잘라내는 것이 전부였습니다. 성경은 그 하인의 이름을 말고Malchus라고 밝히고 있습니다.

역사는 유다보다 베드로에게 좀 더 관용적이고 우호적입니다. 예수님을 도우려고 물불을 가리지 않은 그 용기에 우리는 은근히 박수를 보냅니다. 예수께서 십자가를 지실 것이라고 말씀하실 때도 그러시면 안 된다고 앞장서 가로막은 사람이 베드로였습니다. 심지어 그래선 안 된다고 스승을 꾸짖기까지 했던 장본인이었습니다. 그 약속을 지키기라도 하듯 이 용맹스러운 제자는 칼을 들고 폭도들을 향해 몸을 던진 것입니다. 누가에 따르면, 바로 이때 예수께서 개입하십니다. "더 이상 그만!" "멈추거라!"라고 하신 것입니다.

물론 타락한 세상 안에서, 부득이하게 칼과 창을 들고 자신을 방어해야 할 때가 있긴 합니다. 그러나 우리는 예수님을 방어하기 위해 칼을 든다고 감히 생각해서는 안 됩니다. 그렇게 칼을 드는 순간 우리는 이미 진 것이나 다름없습니다.

폭력에 죽음으로 맞서신 예수님

예수님은 모든 죄에 대해 죽기 위해 오셨습니다. 심지어 원수들을 위해 죽으러 오셨습니다. 예수님은 무슬림과 유대인과 불교인과 그리스도인 모두를 위해 죽으셨습니다. 그는 동성애자들과 이성애자들을 위해 죽으셨습니다. 그가 위하여 죽지 아니한 사람들은 하나도 없습니다. 그분은 여러분을 위해, 전前

배우자를 위해, 여러분을 해고한 사장을 위해, 아니 여러분을 향해 등을 돌린 '유다'들을 위해 죽으셨습니다. 심지어 예수는 우리 영혼 속에 들어 있는 유다를 위해서도 죽으신 것입니다.

요한에 따르면, 베드로가 칼집에 다시 칼을 집어넣은 후에 예수께서 말씀하셨습니다. "아버지께서 내게 주신 잔을 내가 마시지 않겠는가?" 이 구절을 온전히 이해하려면 히브리 예언자들—예레미야, 에스겔, 이사야 하박국 오바댜 스가랴—의 언어를 이해해야 합니다. 그들 모두는 하나님의 심판에 대해 "여호와의 잔"이라는 은유적인 표현을 사용했습니다. 자기를 배반한 자들을 향해 분노하시는 하나님의 분노가 이렇게 묘사되었는데, 예레미야에 따르면, 배반한 우리는 그렇게 자기를 파괴할 술잔을 마셔야 하는 운명이었습니다. 그런데 예수께서는 우리가 받을 심판의 형벌을 당신께서 대신 받겠다고 하신 것입니다.

분노의 잔이 용서와 치유의 잔으로

예수 그리스도는 "여호와의 잔"을 영원히 바꾸어놓았습니다. 여호와의 잔은 더 이상 심판의 잔이 아닙니다. 주님의 성찬 테이블에 나올 때마다, 우리는 자비와 긍휼의 잔을 드는 것입니다. 성찬의 테이블에 나올 때마다 우리는 피조된 본성의 선함을 인정해주는 잔, 정체성에 반하여 행동했던 모든 죄를 용서하시는 용서의 잔을 드는 것입니다. 이 자비와 긍휼의 잔은 죄의 용서할 뿐 아니라 우리가 다른 사람과 자신에게 저지른 상해들을 치유하는 묘약을 줍니다. 성찬의 노래는 이렇게 말합니다. "내 몸의 모든 고통을 온전하게 치유하시기 위해 그분께서 상함을 입으셨습니다."

초기 교회는 이 은혜를 알고서 정말 기뻐했고 흥분했습니다. 그래서 그들은 매주 예배 시에 "여호와의 잔"(성찬의 잔)을 마시곤 했습니다. 거의 300년 동안 교회는 지속적인 박해를 받았으며, 종종 심한 폭력의 희생이 되기도 했습니다. 그러나 그들이 오늘날 우리가 사용하는 예식과 동일한 성찬식을 하려고 식탁 둘레에 모였을 때, 목회자는 이런 말로 성찬을 시작했습니다.

"하나님께서 여러분과 함께 있기를 바랍니다!"

그러면 회중들은 "네, 당신에게도 그러하기를 바랍니다"라고 응답했습니다.

다시 목사는 "여러분의 마음을 드십시오!"라고 하면 회중들은 곧이어 "주님께 우리의 마음을 듭니다"라고 응답합니다. 박해받고 얻어맞아 상처투성이가 된 비천하기 그지없던 교회는 이러한 기쁨으로 가득하였던 것입니다.

밤이 아무리 캄캄하고 칠흑 같다 하더라도 그건 별문제가 되지 않았습니다. 세상이 아무리 폭력적이 되어가더라도 크게 문제되지 않았습니다. 그런 것에 요동하거나 두려워하지 않았다는 말입니다. 심지어 자신의 유다 유전인자가 고개를 들까

염려하지도 않았습니다.

하나님께서 우리를 대적하지 않으신다는 것을 믿는다면 그리고 우리와 함께 계심을 진정 믿는다면, 우리는 인생 최악의 나락에서도 다시 새롭게 일어설 충분한 이유를 가진 셈입니다. 요한이 복음서의 첫 부분에서 약속한 것처럼, "빛이 어둠 속에서 비추되 어둠이 빛을 이기지 못했기" 때문입니다.

하나님이 우리와 함께하시는 이유는 우리가 그만큼 옳기 때문이 아니라 하나님의 사랑을 받는 자이기 때문입니다.

종교적 향수병을
극복하는 길 ————

이같이 하나님이 그 사람을 쫓아내시고 에덴동산 동쪽에
그룹들과 두루 도는 불 칼을 두어 생명 나무의 길을 지키게
하시니라 _창 3:24.

미국의 저명한 작가 토마스 월피Thomas Wolfe는 미국 노스
캐롤라이나 출신으로 1938년에 세상을 떠났는데, 화려하고 재
능이 많았지만 모순적이고 극단적인 사람이었습니다. 이러한
성향 덕분에 그에게는 사람 내면의 깊은 요구와 필요를 어루만
지는 능력이 있었습니다. 그가 쓴 소설 중에 《그대 다시는 고
향에 가지 못하리You Can't Go Home Again》가 있습니다. 자서전적

소설입니다. 그는 탁월한 스케치로 자신의 개인적 슬픔과 깊은 실망들을 다루고 있습니다.

소설의 주인공은 조지 웨버George Webber입니다. 그는 새내기 작가로 엄청난 성공을 얻습니다. 사실 내용인즉슨 자기가 어린 시절 살았던 고향에 대한 신랄한 비판이었습니다. 그러니 동네 사람들은 소설이 출간되자 고향에 대한 폄훼요 모독이라며 살해 위협까지 합니다. 미국의 다른 지역에서는 대박을 터뜨린 소설이 되었고, 그로 인해 웨버는 젊은 시절 꿈꾸던 것 이상의 대성공을 거둡니다.

그러나 웨버는 곧 불편하고 놀라운 진실을 배웁니다. 유명해지고 많은 재산을 얻게 되었다고 해서 궁극적으로 만족스러운 건 아니었습니다. 그래서 그는 어렸을 적 자랐던 고향 집으로 돌아가기로 결심합니다. 젊은 날에 만끽했던 소박하고 순전한 기쁨을 어느 정도라도 찾고픈 생각 때문이었습니다. 고향으로 가는 기차에 몸을 싣고 마음 깊이 간직했던 옛 추억들을 하나씩 꺼냈습니다. 마치 유화를 그리는 화가가 즐겁지 않은 색깔이나 선들이 보이면 덧칠하여 없애듯 그는 추하고 흉하고 불행했던 기억들을 하나씩 지워버리고, 오로지 즐거웠던 추억만을 곱씹고 있었습니다.

그러나 기차에서 내리는 순간 그의 꿈들과 장밋빛 추억들은 잔인한 현실의 무게에 짓눌려 퇴색하기 시작합니다. 모든 것이 다 달라져 있었던 것입니다. 모든 것이 예전과 달랐습니다. 그때 비로소 진실이 동터오기 시작합니다. 어제로 돌아가는 길이 영원히 닫힌 것이었습니다.

소설의 마지막 부분에서 웨버는 이렇게 말합니다. "당신은 가족에게로, 어린 시절로 돌아갈 수 없다. … 젊은 날에 꿈꿨던 영광스러운 꿈들로 돌아갈 수 없다. … 한때는 영원한 듯 보였지만 지금 보니 늘 변화해가는 옛 형식과 체계와 제도들로 돌아갈 수 없다. 시간과 기억의 도피처로 돌아갈 수 없다." 월피는 이렇게 씁니다. "그(웨버)는 이제 '다시 집으로 돌아갈 수 없다, 영원히 돌아갈 수 없다'는 사실을 알게 되었다. 뒤돌아가는 길은 없었다." 토마스 월피는 인생의 골격 속에 깊이 각인된 한 가지 진실을 발견합니다. 바로 "아무도 다시 집으로 돌아갈 수 없다"는 사실이었습니다.

과거에의 동경: 향수

우리 대부분은 과거를 열렬하게 사랑합니다. 과거 동경으로 열병을 앓습니다. 1960년대 말부터 70년대를 풍미하며 청년 문화의 산실이 된 통기타 라이브클럽 쎄시봉 *C'est si Bon*("참 좋다")이 요즈음 뜨는 이유를 아십니까? 7080 추억의 노래 프로그램이 커다란 반향을 불러일으키는 이유는요? 아니면 이동원과 박인수의 듀엣으로 유명해진 정지용 시인의 〈향수〉鄕愁가 마음에 와닿은 이유가 무엇일까요?

넓은 벌 동쪽 끝으로

옛이야기 지줄대는 실개천이 회돌아 나가고,

얼룩백이 황소가

해설피 금빛 게으른 울음을 우는 곳,

그곳이 차마 꿈엔들 잊힐 리야.

질화로에 재가 식어지면

비인 밭에 밤바람 소리 말을 달리고,

엷은 졸음에 겨운 늙으신 아버지가

짚베개를 돋아 고이시는 곳,

그곳이 차마 꿈엔들 잊힐 리야.

흙에서 자란 내 마음

파아란 하늘빛이 그리워

함부로 쏜 화살을 찾으려

풀섶 이슬에 함추름 휘적시던 곳,

그곳이 차마 꿈엔들 잊힐 리야.

전설傳說바다에 춤추는 밤물결 같은

검은 귀밑머리 날리는 어린 누이와

아무렇지도 않고 예쁠 것도 없는

사철 발 벗은 아내가

따가운 햇살을 등에 지고 이삭 줍던 곳,

그곳이 차마 꿈엔들 잊힐 리야.

하늘에는 성근 별
알 수도 없는 모래성으로 발을 옮기고,
서리 까마귀 우지짖고 지나가는 초라한 지붕,
흐릿한 불빛에 돌아앉아 도란도란거리는 곳,
그곳이 차마 꿈엔들 잊힐 리야.

향수nostalgia는 우리 삶에 중요한 역할을 합니다. 우리가 과거를 사랑하는 이유는 친숙하기 때문입니다. 낯설지 않기 때문입니다. 심지어 얽히고설킨 과거의 어떤 측면들에 대해서도 우리 마음에 아름답고 따스한 그림으로 만들어 일종의 '신화'처럼 창조합니다. 또한, 미래의 알려지지 않는 요소에는 주저함이 있기 때문에 우리는 과거를 사랑합니다. 나이를 먹을수록 인생이 필연적으로 가져오는 변화를 받아들이기가 더 어려워집니다. 변화를 두려워하고 싫어합니다.

내 인생에서도 모든 것이 멈춘 상태가 계속되었으면 얼마나 좋을까 생각되던 시절이 있었습니다. 바로 39살 때였습니다. 아내는 36살, 큰딸은 10살이고 그다음 아들은 8살, 셋째 딸은 7살, 막내아들은 5살이었을 무렵, 미국 오하이오의 한 중소도시에서 목회하고 있었을 때였습니다. 목사관 앞뒤로는 넓은 잔디밭이 있어 아이들이 뛰어놀기 좋았고 붉은 벚꽃나무와 은백색의 사시나무가 인상적이었습니다. 목사관 옆쪽으로는 체리와 사과 과수원이 있었고 텃밭까지 있어 어머니는 부추와 고추를 심었습니다. 아이들을 가까운 초등학교에 데려다주고 오는 일이 아내의 중요 일과였습니다. 저는 부지런히 목회하고 공부하였으며 뒤뜰이 내다보이는 서재 안에는 항상 당대 최고의 음악 평론가며 해설자인 칼 하스의 고전 음악 프로그램이 흘렀습니다.

그러나 인생은 그런 추억들을 잔인하게 다 빼앗아 갔습니다. 누구도, 어떤 것도 옛날 그 시절 그대로 있게 하지 못합니다. 주변 일과 사물들 역시 점점 커가고 변화하므로 우리도 그 변화에 부지런히 맞추어가야 하기 때문입니다.

몇 년 전, 신이 나서 다 큰 자녀들에게 어린 시절 추억의 크리스마스에 대해 허풍을 섞어가며 한참 이야기하다 보니 왠지 주위가 썰렁했습니다. 자녀들이 믿지 못하겠다는 표정으로 동정의 눈길을 보내고 있었습니다. 나는 즉시 현실로 돌아왔습니다. 그래도 잠시만이라도 추억 속에서 돌아다녔던 기억이 납니다.

좋았던 옛날들은 신화의 옷을 입습니다. 그러나 냉정하게 돌아보면 '좋았던 옛날'이라는 것은 대부분 허상虛像입니다. 성경은 이러한 향수의 생존능력에 대해 회의적입니다. 달리 말해 성경은 향수라는 것에 부정적입니다. 즉, 성경 각 장마다 "우리는 다시 집으로 돌아갈 수 없다"라고 선명하게 가르칩니다.

성경의 가르침

예수님은 사람이 쟁기를 잡고 뒤를 돌아보는 것이 궁극적인 불충성과 어리석음에서 나온다고 웅변적으로 가르치십니다. 어느 기회에 딱 한 번 그랬다는 의미가 아니라 삶의 습관이었음을 뜻하지요.

적합한 예가 구약 성경에 나온 이야기입니다. 남편이 죽자 룻은 고향 모압을 떠나 시모 나오미와 함께 유다 땅으로 가겠다고 결심합니다. 나오미는 룻에게 고향으로 돌아갈 것을 권합니다. 그러나 룻은 남편의 백성에 대한 충절을 이렇게 표현합니다. "나더러, 어머님 곁을 떠나라거나, 어머님을 뒤따르지 말고 돌아가라고는 강요하지 마십시오. 어머님이 가시는 곳에 나도 가고, 어머님이 머무르시는 곳에 나도 머무르겠습니다. 어머님의 겨레가 내 겨레이고, 어머님의 하나님이 내 하나님입니다"룻 1:16, 새번역. 룻은 뒤돌아가서는 행복을 결코 발견할 수 없음을 알았습니다. 그녀는 집에 다시 돌아갈 수 없다는 것을 알았습니다.

구약 창세기에서는 아담과 하와가 어떻게 에덴동산에서 쫓겨났고, 하나님께서 화염검으로 무장한 경비병을 에덴 출입구에 세워 그들이 다시는 돌아오지 못하게 하셨는지에 대해 말해주는 구절이 있습니다. 하나님은 이렇게 말씀하십니다. "너희는 다시 집으로 돌아올 수 없단다! 너희가 살던 곳으로 돌아갈 수 없어!" 대문은 이미 닫혔고 영원히 폐쇄되었습니다. 과거로 돌아가는 것은 환상이나 추억을 통해서만 가능합니다.

태초부터 하나님은 과거로부터 우리를 구출하시려고 애쓰셨습니다. 그리고 미래를 향하여 손가락을 가리키시며 앞을 보라고 부단히 애쓰셨습니다. 아브라함이 누굽니까? 앞으로 무슨 일을 만나고 어떤 일을 겪게 될지 알지 못하면서도 앞을 향하여 여정을 계속한 사람이지요? 또한, 롯과 소돔을 기억하십니까? 여호와께서 소돔의 죄악을 도저히 참아낼 수 없다고 생각하셨습니다. 그러나 소돔을 멸망시키기 전에 롯과 가족들이 그곳을 떠나도록 허락하셨습니다. 절대로 뒤를 돌아보지 말라는 한 가지 조건과 함께. 과거로부터의 탈출이 얼마나 어려운지를 잘 보여주는 예입니다. 쌓아 놓은 것, 자존심, 타이틀, 화려한 경력, 직위, 기득권, 아집, 텃세, 자랑 등 모두를 내려놓아야 하기 때문입니다. 성경은 매우 사실적인 묘사를 통해 과거를 떠나보내지 못했던 롯의 아내에게 어떤 일이 일어났는지 그려줍니다. 천추에 외롭게 서 있는 소금기둥이 되었습니다.

예수님도 한때 고향에 돌아가시려고 했습니다. 그러나 고향에 가보니 크게 실망했습니다. 그래서 이렇게 말씀하시지 않았습니까? "예언자는 자기 고향과 자기 친척과 자기 집 밖에서는, 존경을 받지 않는 법이 없다"막 6:4, 새번역. 우리 삶은 과거의 연장선에 있지만 거기에 머무르지 않고 점점 자라고 확장되어 감을 가르치십니다.

인생의 가르침

우리 인생 자체도 "당신은 집으로 다시 돌아갈 수 없습니다!"라는 진실을 웅변적으로 증언합니다. 끊임없이 과거로 돌아가고 싶은 생각은 우리를 약하게 합니다. 어쩔 수 없는 선택에 의해서든 아니면 능력이 없어서든 과거에 이루었던 발전 단계에 미치지 못하면 심리학에서 말하는 "병적 애착에 따른 고착상태fixation"가 됩니다. 뜻하지 않는 난관을 만나 정상적으로 자라지 못하는 경우를 말합니다. 가령 손가락 빠는 나이가 지났음에도 계속 손가락을 빠는 어린이, 나이를 먹었음에도 어딜 가나 어릴 적 소중히 여겼던 물건을 들고 다니는 어린아이가 그렇습니다.

대부분은 의식적으로든 무의식적으로든 예전에 가장 좋았다고 생각하던 때로 돌아가고픈 생각을 갖고 있습니다. 알려지지 않는 현재와 미래에 대한 두려움과 염려 때문입니다. 영적 차원에서도 동일한 일이 발생합니다. 개인과 가정과 교회 차원에서도 마찬가지입니다. 앞에 있는 일에 대한 두려움 때문에 과거를 그리워하며 돌아가려고 하는 것입니다.

매년 가을이 되면 미국의 고등학교 3학년들은 대학으로 떠납니다. 정들었던 집과 부모와 가족, 동네를 떠나 먼 곳으로 가는 것입니다. 보따리를 챙겨 차에 싣고 가깝게는 한두 시간 멀게는 며칠을 운전하여 대학 기숙사에 데려다줍니다. 물론 자녀를 두고 떠나올 때 눈물짓지 않는 부모는 거의 없습니다. 그리고 집에 돌아와 자녀의 방을 그대로 둡니다. 한 학기 혹은 두 학기 후에 다시 집으로 돌아올 것이기 때문입니다.

그런데 공부하다가 처음으로 집에 돌아왔을 때 가장 큰 충격을 받는 사람은 그 방의 주인입니다. 방학을 맞아 기대와 설렘으로 집으로 돌아오는데, 집에 오면 예전에 자기가 있었던 집이 아니라는 심리적 변화를 겪는 것입니다. 모든 사람이 변했습니다. 당사자도 그동안 변했습니다. 모든 것이 예전과 같지 않습니다. 뭔가 생소하고 낯설고 익숙지 않습니다. 자기가 졸업한 고등학교를 방문해봅니다. 애들이 어려 보입니다. 옛 친구들을 만납니다. 심지어 누군가는 아주 생소합니다. 점차 한 가지 사실이 분명해집니다. "집에 다시 되돌아 갈 수 없다!"라는 사실 말입니다. 뒤돌아가는 길이 닫혔기 때문에 앞으로 가야 합니다.

17년간의 외국 생활을 마치고 귀국했을 때 제가 가장 먼저 한 일이 무엇이었을까요? 아직 자동차도 없었을 때였습니다. 어머니와 아내 그리고 중학생, 초등학생인 아이 넷을 데리고 과천에서 버스를 탔습니다. 남태령을 넘어 용산을 지나 버스를 갈아타고 은평구 불광동을 찾아가 그곳에서 다시 버스를 타고 파주시 금촌에 도착하여 다시 버스를 갈아타고 파주시 탄현면 갈현리라는 시골까지 찾아갔습니다. 서너 시간 정도 걸렸습니다. 그곳에는 장릉(조선 16대의 인조 왕릉이 있는 곳)이 있습니다. 물론 찾아간 곳은 장릉 뒷산에 위치한 군부대였습니다. 젊은 시절 힘겨운 군대 생활하던 51포병대대 차리(3) 포대를 찾아간 것이었습니다. 감회에 젖어 멀리 보이는 위병소와 추운 겨울밤에 보초 서던 탄약고와 대공초소 등을 지긋이 바라보았습니다. 상념에 잠긴 저를 보면서 식구들은 이해할 수 없다는 표정으로 배고프니 자리 잡고 점심이나 먹자고 보챘습니다. 물론 부대에서 나를 반겨준 사람은 아무도 없었습니다. 그저 먼발치에서 쳐다본 다음 싸간 도시락을 먹었습니다. 그리고 다시 터덜거리며 집으로 돌아왔습니다. 그렇습니다. "여러분은 집으로 다시 돌아갈 수 없습니다."

한번은 제가 태어나고 자란 곳에 가보았습니다. 충격은 컸습니다. 내가 기억했던 것과 같지 않다는 사실 때문입니다. 집에서 학교까지 거리는 아득하게 멀었는데 알고 보니 겨우 150미터 정도! 학교 가는 길에 개울이 있었는데 수심이 깊어서 빠지면 죽는다고 생각했는데 알고 보니 무릎에도 차지 않는 도랑이었습니다! 운동장은 잠실 운동장만큼 큰 줄 알았는데 공 한 번 차면 운동장 담장을 넘어가는 수준이었습니다. 어린 시절 추억들이 결국 '왜곡된 회상들'이라는 것이 밝혀지자 슬펐습니다. 우리가 기억하는 대로 있기를 바랐지만 그렇지 못하다는 것이 슬픔을 가져다준 것입니다.

그렇습니다. 우리는 집으로 다시 돌아갈 수 없습니다. 우리가 기억하는 그때로 남아 있길 바라겠지만, 인생은 실체에 직면하게끔 합니다. 우리가 다시 그때로는 돌아갈 수 없다는 것을 삶은 가르칩니다.

교회의 가르침

교회와 교회 역사도 "집으로 다시 돌아갈 수 없다!"라고 말합니다. 우리는 종교(신앙)에 대해 어떤 향수가 있습니다. 그 무엇보다 진한 게 종교 향수입니다. 그러나 참된 종교(경건)를 죽이는 것은 다름 아닌 교회 향수병입니다. 예수님을 십자가에 못 박아 죽인 자들은 옛 시절 집착을 버리지 못한 사람들이었습니다. 예수님은 그들의 신화들을 계속 흔드시고 깨부셨기 때문이었습니다. 교회는 과거 안에서 자신을 고정할 만한 안전한 장소를 계속 찾는 중입니다. 그러나 하나님은 우리에게 새로운 헌신과 새로운 약속을 보여주시면서 죽은 자들로 죽은 자들을 장사하게 하고 너희는 앞을 향해 나아가라고 하십니다.

교회는 결코 뒤로 돌아갈 수 없습니다. 역사와 전통은 참된 교회의 본질과 임무가 무엇인지 분명히 밝혀 놓았습니다. 물론 옛 승리들은 우리에게 영감을 불어 넣습니다. 옛 실수들은 우리에게 경고합니다. 산타냐George Santayana는 "과거를 기억할 수 없는 사람들은 그 과거를 반복하는 저주를 받았다"라고 말했습니다.

그러나 향수에 대한 우리 성향을 고려할 때, 가장 큰 위험은 역사에 대한 무지가 아니라 과거에 대한 완고한 집착입니다. 우리는 친숙한 것에 대해서는 구제 불능일 정도로 집착합니다. 그리고 그것을 낭만적으로 만듭니다. 조상들은 과거를 신앙하면서 살지 않았습니다. 그들은 시대의 불확실성에 대해 신앙으로 갈등하며 살았습니다. 모든 일이 그들에게 친숙하고 익숙하지 않았습니다. 신앙의 영웅들은 시대와 씨름하던 사람들이었지 과거에 매여 산 사람들은 아니었습니다. 예수님, 마르틴 루터, 존 캘빈, 요한 웨슬레, 주기철과 같은 분들은 전통의 챔피언이 아니었습니다.

새가 다시 부화 전의 껍질 안으로 들어가는 것 보았습니까? 나비가 애벌레로 되돌아가는 것을 본 일이 있습니까? 그리스도께서 다시 무덤으로 들어가시는 일이 가능하겠습니까?

여러분은 다시 집으로 돌아갈 수 없습니다. 죽은 자들로 자기의 죽은 자들을 장사하게 하십시오. 과거의 실패들과 과거의 성공들을 모두 묻어버리라는 뜻입니다. 손에 쟁기를 잡고 뒤를 돌아보는 자는 하나님 나라에 합당하지 아니합니다. 삶의 고정점인 예수 그리스도에게 올인하십시오. 하늘의 별을 바라보고 진정한 왕이신 예수 그리스도를 만났던 동방의 현자들처럼 굳세게 순례의 길을 걸어가십시오. 나를 따르라 하신 그분을 따라 가십시다.

반음 정도의 희망만이라도

　　미국의 음악 평론가이자 음악의 대중화로 유명한 칼 하스
(Karl Haas, 1913~2005)라는 분이 있습니다. 자신이 직접 연주한
베토벤의 〈비창〉(소나타 8번 C단조) 제2악장을 주제 음악으로 삼
아 시작하는 그의 〈좋은 음악 속 모험〉Adventures in Good Music은
전 세계적으로 유명한 라디오 음악 프로그램입니다. 크리스마
스가 저만큼 가까이 오던 어느 날이었습니다. 그날 주제는 헨
델의 〈메시아〉 해설이었습니다. 20여 년이 지난 지금에도 그
시간을 생생하게 기억하는 이유는 그의 위트 넘치고 감동적인
해설 덕분이었습니다. 그는 이렇게 시작했습니다.
　　"여러분, 헨델의 〈메시아〉하면 제일 먼저 떠오르는 곡이
어느 곡이지요? 예! '할렐루야' 합창곡입니다. 얼마나 장엄하
고 감동적인 찬양입니까! 영국의 첫 공연 때(1743년 3월 23일)
황제 조지 2세가 참석했습니다. 연주의 절정은 '할렐루야' 합창
에 이르러서였습니다. 곡을 듣고 있던 조지 2세는 도저히 그 자
리에 그냥 앉아 있을 수 없어 벌떡 일어섰습니다. 하나님의 영
원한 왕권에 전율하였던 것입니다."
　　칼 하스는 말을 이어갔습니다.

"그렇습니다. 하나님의 영원한 통치를 노래하는 할렐루야 합창은 지상 제국의 황제를 일으켜 세웠습니다. 떨리는 손과 철썩 내려앉는 가슴을 부여잡고 하나님의 통치에 굴복하는 지상의 왕을 보십시오. 그러나 〈메시아〉의 절정은 여기서 끝나지 않습니다. 그다음에 이어지는 곡이 있습니다. 오늘 저는 바로 이 곡에 대해 설명드리려 합니다."

칼 하스의 허스키한 목소리는 계속되었습니다.

"'할렐루야'가 끝나고 이어서 나오는 곡이 있습니다. 소프라노 독창곡입니다. 확신과 비애에 찬 고음의 소프라노가 적막을 깨고 노래하는 신앙고백입니다. 노래의 제목이기도 한 가사의 첫 절은 'I know that my redeemer liveth'("내 주는 살아 계시고")로 시작합니다. 욥이 모진 시련 가운데서 모든 것을 다 잃었을 때였습니다. 사랑스러운 열 자녀 모두 광란의 태풍으로 잃었습니다. 평생 재산과 재물 역시 외적의 약탈로 모두 잃었습니다. 그는 길거리의 거지가 되었습니다. 생의 반려자인 아내마저 곁을 떠났습니다. 몸은 심한 창질로 피골이 상접했으며 기왓장으로 온몸을 긁어야만 했습니다. 멀리서 온 친구들은 위로하려 했지만 그들의 말들은 갈수록 하이에나처럼 욥의 살점을 찢었습니다. 그들이 내뱉은 비정한 말들은 욥의 심장에 비수처럼 꽂혔습니다. 그의 한 맺힌 울부짖음을 들어보십시오."

아, 누가 있어 내가 하는 말을 듣고 기억하여 주었으면! 누가 있어 내가 하는 말을 비망록에 기록하여 주었으면! 누가 있어 내가 한 말이 영원히 남도록 바위에 글을 새겨 주었으면! 그러나 나는 확신한다. 내 구원자가 살아 계신다. 나를 돌보시는 그가 땅 위에 우뚝 서실 날이 반드시 오고야 말 것이다. 내 살갗이 다 썩은 다음에라도, 내 육체가 다 썩은 다음에라도, 나는 하나님을 뵈올 것이다. 내가 그를 직접 뵙겠다. 이 눈으로 직접 뵐 때에, 하나님이 낯설지 않을 것이다. 내 간장이 다 녹는구나! 욥 19:23-27, 새번역

음악 평론가로서 칼 하스의 해설은 지금부터 빛났습니다. "여러분, '할렐루야' 코러스는 D장조입니다. 그런데 그다음에 나오는 소프라노 독창곡 '내 주는 살아계시고'는 Eb입니

다. 소프라노 독창은 '할렐루야'보다 그저 반음just a half note 정도 높이 시작합니다. 이것이 무엇을 의미할까요?

아마 천국에서 우리는 영원히 찬양할 것입니다. 할렐루야 합창처럼 말입니다. 찬양 외에 달리 할 일이 무엇이 있겠습니까? 하나님의 영원하신 왕권과 주권을 높이고 찬양하는 일이야말로 우리의 본업이 될 것입니다.

그러나 이 세상에서는 찬양보다 약간 더 절실한 것이 있습니다. 그게 무엇이겠습니까? 소망하는 것입니다. 희망하는 것입니다. 마치 견딜 수 없는 시련의 화덕 속에서 욥이 내뱉은 외마디 고백, '내 구속자가 살아 계심을 나는 압니다!'라는 절규 속에 담긴 희망, 바로 그 소망이야말로 이 세상에서 우리가 소유해야 할 가장 중요한 덕일 것입니다. 한 음도 말고 그저 반음半音 정도의 희망이라도 간직하고 살아야 한다는 것입니다!"

저는 이 마지막 말 한 마디에 숨이 멎는 것을 경험했습니다. 눈물이 흘렀습니다. 그렇습니다. 궁극적으로 우리는 찬양할 것입니다. 찬양하기 위해 태어난 존재이기 때문입니다. 탄식의 기도로 시작하는 시편 순례가 마지막에 할렐루야 찬양으로 끝난다는 것은 결코 우연이 아닙니다. 그러나 그것은 마지막에 가서 될 영광스러운 일입니다. 순례의 길 한 가운데 있는 우리는 오히려 희망을 배우고 살아야 합니다. 세상 삶에 의미와 힘을 공급하여 주는 것, 더도 말고 덜도 말고 그저 반음 정도의 희망이라도 갖고 살아야 할 이 세상, 이 세상이 아직 하나님 아들의 나타나심을 간절히 기다려야 하는 상태라는 것을 생각하자 눈시울이 붉어진 것입니다.

적어도 지금 이 세상에서만큼은 희망이 찬양보다 더 강한 인력引力으로 우리를 붙드는 것 같습니다. 사람은 희망 없이는 살 수 없기 때문입니다. "고난의 길"*via dolorosa*을 걸어가면서도 하나님의 신실하심에 대한 희망의 끈을 놓지 않았던 예수님을 바라봅시다. 그분께서 다시 우리에게 희망의 손을 내밀고 계십니다.

시시한 일상이 우리를 구한다

초판 1쇄 발행 | 2022년 8월 12일

지은이 | 류호준

펴낸이 | 김윤정
편집 | 오아영
마케팅 | 김지수

펴낸곳 | 하온
출판등록 | 2021년 1월 26일(제2021-000050호)
주소 | 서울시 종로구 삼봉로 81, 442호
전화 | 02-739-8950
팩스 | 02-739-8951
메일 | ondopubl@naver.com
인스타그램 | @ondopubl

© 2022, 류호준
ISBN 979-11-92005-19-5 (03230)